실 쟈 셩
학 슴 한 쟈 퍼 즐

엮은이 **김 영 배**

대을출판사

머리말

　　한자의 조기교육용 교재로 이미 시중에 많이 나와 있습니다.
그러나 자녀들의 한자학습 능률이 크게 오르지 않아 애석해 하는 분들
또한 많이 있습니다. 어찌 안그렇겠습니까? 어른들도 어려워만 하는 한자
학습 인데요. 그런데 조기교육은 자녀들에게 인식 시키는 것보다 잠재
의식에 입력시켜 주는 데 있고 이제는 양적인 것보다 질적인 것에 치중하여
가시적인 학습효과보다는 한자와 친숙하게 해주는 것이 무엇보다 중요합
니다.
　　여기 십자성 학습 한자퍼즐은 인성교육에 역점을 두었으며 한자학습의
필요성이 그 어느 때보다 더 요청되는 시기라는 것과 내일을 예견하는
사명감으로 태을출판사 사장님의 배려가 있어 출판하기에 이르렀습니다.
　　이 십자성 학습 한자퍼즐은 부모님과 자녀가 함께 풀어가는 한자학습에
필요한 책입니다. 무리하게 많은 양의 학습을 피해 주시고 하루 두 쪽
분량의 진도가 적절하다 생각됩니다. 자녀와 눈이 마주치는 순간순간
들을 이용하여 "그 십자성 학습 한자퍼즐 가운데 몇 번 문제의 한자
가 무엇이었니? 엄마는 잘 모르겠어"라고 물어 자녀들이 "나는 알고
있는데"라고 할 수 있도록 유도하여 긍지를 심어 준다면 한자학습
효과는 물론 집중력이 길러져 다른 학과도 더불어 그 효과를 높여 주
게 될 것임을 확신합니다. 그리고 또 한자학습에 흥미를 갖게 되면
무엇보다도 어휘력과 이해력이 배가 될 것입니다.
자녀가 소중할수록 무엇이든 완전한 것을 주기보다는 스스로 완성해
나아가는 길을 열어주는 것이 현명한 부모님의 지도라고 사료됩니다.

저자 **김 영 배** 드림

다음을 한자로 써보세요

		初	等	學	校
第		學 年		班	番
姓 名					
先生님					

♧ 가족이름쓰기는 162쪽에 있습니다.

십자성학습한자퍼즐

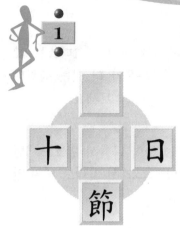

1

가·로·열·쇠

♦매월 열 하룻날을 '十○日' 이라고 합니다. 열 하룻날을 11일이라고 하는데 한자로 표기 해보세요.

세·로·열·쇠

♦1919년 3월 1일, 일제 압박에 항거하기 위해서 일어난 3·1운동이 있었습니다. 그 3·1운동을 기념하기 위해 매년 3월 1일을 '○○절' 이라고 하여 국경일로 정했습니다.

2

가·로·열·쇠

♦1950년 6월 25일, 북한 공산군이 불법으로 남한에 쳐들어와 일으킨 전쟁을 6·25라고 합니다. 6·25를 한자로 표기 하시오.

세·로·열·쇠

♦동짓달은 음력으로 11월 동짓달 다음 섣달을 음력으로 '십○월' 입니다. 섣달인 음력 '십○월' 은 양력으로는 1월입니다.

⊠ 쓰기연습(바르게 따라쓰세요) ⊠

日 (날 일)	日	日	日	日	月 (달 월)	月	月	月	月

십자성학습한자퍼즐

3

가·로·열·쇠

◆연필이 열세 개 있는데, 연필 1다스는 12
개이니 1다스에 1자루가 더 있는 셈입니
다. 열세 개는 한자로 써 보세요.

세·로·열·쇠

◆내 친구 영수는 눈이 나빠서 번호도 3번
입니다. '제○번', 그래서 자리도 제일 앞
자리에 앉습니다.

4

가·로·열·쇠

◆수지가 학습지를 가지고 와서 "이것 한
번 풀어볼래?"라고 하였습니다. 그 학습
지 위에 〈제4호〉라 쓰여 있었습니다.

세·로·열·쇠

◆색지를 문방구에서 빨강 2장, 파랑 1장,
노랑색 1장을 샀습니다. 색지는 '합○매'
였습니다.

▩ 쓰기연습(바르게 따라쓰세요) ▩

十 열 십	十	十	十	十	第 차례 제	第	第	第	第

십자성학습한자퍼즐

5

가·로·열·쇠
◆서기 1995년도를 어른들은 줄여서 '95년'이라고 합니다. 한자 표기도 원래는 다 써야 하는데 그냥 '9○년'이라고 표기합니다.

세·로·열·쇠
◆매월 15일을 어른들은 보름이라고 합니다. 그 보름인 15일을 한자 표기를 완성하여 보세요. '십○일'을….

6

가·로·열·쇠
◆일년은 12달이 있고 날짜로는 '3○5'일입니다. 한자 표기로 맞게 써 보세요.

세·로·열·쇠
◆우리 집 앞 공터에서 불우 이웃돕기 바자회를 열었습니다. 가끔 하던 바자회가 벌써 16번째인가 봅니다. 현수막에 '1○차'라고 한자로 쓰여 있습니다.

✕ 쓰기연습(바르게 따라쓰세요) ✕

九 아홉 구	九	九	九	九	五 다섯 오	五	五	五	五

십자성학습한자퍼즐

7

가·로·열·쇠

◆숫자가 나열해 있는데 한자로 6과 8사이 에는 어떤 수가 알맞을까요? '육○팔' 을 한자로 써 넣으세요.

세·로·열·쇠

◆우리 학교는 역사가 그리 길지는 않습니 다. 형들 졸업식에 보니까 강당 앞 벽에 제7회라고 한자로 쓰여 있었습니다. '제 ○회' 라고….

8

가·로·열·쇠

◆나열된 숫자 7과 9사이는 어떤 수가 알맞 을까요? '칠○구' 의 사이에 들어갈 알맞 은 숫자를 한자로 표기하여 보세요.

세·로·열·쇠

◆사과가 7개, 배가 5개, 귤이 6개 있습니 다. 이 과일을 합하면 '십○개' 입니다.

❊ 쓰기연습(바르게 따라쓰세요) ❊

六 여섯 육	六	六	六	六	七 일곱 칠	七	七	七	七

십자성학습한자퍼즐

9

가·로·열·쇠
♦집집마다 호수로 통·반, 그리고 번지 수가 있는데 통으로 우리집은 29통입니다. '이○통' 의 사이 글자를 한자로 표기하면?

세·로·열·쇠
♦집집마다 호수인 통 다음에 반이 있는데 우리집은 19반입니다. '일○반' 을 한자로 완성해 보세요.

10

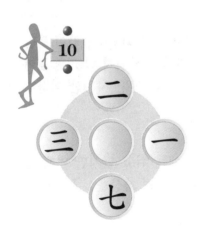

가·로·열·쇠
♦1월부터 12월 중 가장 긴 달의 일수는 몇 일일까요? 제일 긴 달의 일수는 '삼○일' 입니다.

세·로·열·쇠
♦27을 한자로 써보세요. 십(十)를 넣어서 써보면 '이○칠' 이라고 표기합니다. 사이의 수를 한자로 표기해 보세요.

▧ 쓰기연습(바르게 따라쓰세요) ▧

一	一	一	一	一	三	三	三	三	三
한 일					석 삼				

십자성학습한자퍼즐

11

가·로·열·쇠
◆어머니께서는 4월이 다 갈무렵을 4월 말이라고 하셨습니다. '사○말' 을 한자 표기로 완성해 보세요.

세·로·열·쇠
◆3월초란 3월의 시작입니다. 매년 3월 1일은 3·1절인 국경일입니다. 그래서 매년 '삼○초' 는 3·1절로 시작됩니다.

12

가·로·열·쇠
◆화산의 분화구에서 마그마인 용암이 분출되는 것인데 현재 진행되지 않고 활동이 멈추어 죽어있는 화산을 '사○산' 이라고 합니다.

세·로·열·쇠
◆화산활동이 현재는 쉬고 있지만 언제 분출하게 될 줄 모르는 화산을 '휴○산' 이라고 합니다.

✖ 쓰기연습(바르게 따라쓰세요) ✖

四 넉 사	四	四	四	四	山 뫼 산	山	山	山	山

십자성학습한자퍼즐

13

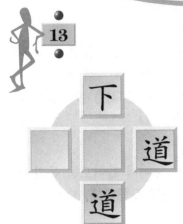

가·로·열·쇠

◆마실 수 있는 식수나 공업용 물 등을 관을 통하여 보내고 받는 시설을 '○○도' 라고 합니다.

세·로·열·쇠

◆빗물이나 쓰다버린 오물물 등을 흘러내려 보내는 통로나 도랑을 '하○도' 라고 합니다. 공장에서는 '하○도' 물을 원칙적으로 정화해서 내려보내야 한답니다.

14

가·로·열·쇠

◆풀과 나무, 그리고 수풀이라는 뜻으로 초목림이라고 한다면 '초○림' 의 빈칸에 적당한 글자를 한자로 완성해 보세요.

세·로·열·쇠

◆매년 4월 5일은 식목일 입니다. 식목일은 나무를 심는 날입니다. 그래서 우리는 학교에 가지 않습니다. '식○일' 공란의 적절한 한자는?

✖ 쓰기연습(바르게 따라쓰세요) ✖

下	下	下	下	下	日	日	日	日	日
아래 하					날 일				

십자성학습한자퍼즐

15

가·로·열·쇠
♦ 金은 일반적으로 쓸 때는 '금'으로 읽고, 사람의 성씨로 읽을 때는 '김' 입니다. 은행에서 예금의 일부를 찾을 때 '출금액' 이라고 합니다.

세·로·열·쇠
♦ 은행이나 회사 등에서 들어오는 돈의 액수를 '입금액' 이라고 합니다.

16

가·로·열·쇠
♦ 물에 이기면 끈적끈적 차지며, 마르면 굳어지는 찰흙의 질을 '점토질' 이라고 합니다. 점토는 흙공예나 도자기 등의 원료로 쓰입니다.

세·로·열·쇠
♦ 흙으로 빚은 그릇으로 빛깔이 희고 고운 토기를 백토기라고 합니다.

▩ 쓰기연습(바르게 따라쓰세요) ▩

入 들 입	入	入	入	入	白 흰 백	白	白	白	白

십자성학습한자퍼즐

17

가·로·열·쇠
♦학교에서 배우는 교재의 과목 전부를 '전과○' 이라고 합니다.

세·로·열·쇠
♦그날그날 할 일들이나 공부할 시간을 정하여 적은 표를 우리는 '○과표' 라고 합니다.

18

가·로·열·쇠
♦예측했던 것이나 총 또는 화살이 과녁의 정중앙에 어김없이 맞는 것을 '○중' 이라고 합니다.

세·로·열·쇠
♦여행 등을 갈 때 가고자 하는 곳을 '○○지' 라고 합니다.

✖ 쓰기연습(바르게 따라쓰세요) ✖

全 온전 전	全	全	全	全	中 가운데 중	中	中	中	中

십자성학습한자퍼즐

19

가·로·열·쇠
♦사방의 중심이 되는 곳에서도 중심이 되는 곳을 '정중앙' 이라고 합니다.

세·로·열·쇠
♦크고 작은 것의 가운데에 중간이 있습니다. 그래서 크기나 양 등에는 '대중소' 로 나타냅니다.

20

가·로·열·쇠
♦일정한 시간을 계획대로 나누어 정해 놓은 표로써 특히 요일별로 시간과 과목을 정하여 놓은 표를 '시간표' 라고 합니다.

세·로·열·쇠
♦두 물건의 사이, 또는 한가운데 등을 '중간' 이라 하고, 그리고 아직 끝나지 않은 때나 장소를 말하기도 합니다.

⊠ 쓰기연습(바르게 따라쓰세요) ⊠

正 바를 정	正	正	正	正	時 때 시	時	時	時	時

십자성학습한자퍼즐

21

가·로·열·쇠

♦여행이나 뜻이 같은 사람들이 가야할 곳을 같이 가는 사람을 '동행인' 이라고 합니다.

세·로·열·쇠

♦태양계에 딸린 행성보다 작은 천채를 일러 '소행성' 이라고 합니다.

22

가·로·열·쇠

♦수량 또는 정도나 분량 등의 많음과 적음을 '다소' 라고 표현합니다.

세·로·열·쇠

♦청년과 소년이라는 뜻으로 소년기에서 청년기로 접어드는 미성년의 젊음이를 일러 '청소년' 이라고 합니다.

▧ 쓰기연습(바르게 따라쓰세요) ▧

同	同	同	同	同	年	年	年	年	年
같을 동					해 년				

십자성학습한자퍼즐

23

가·로·열·쇠
♦의지할 곳 없는 할아버지나 할머니의 집을 마련하여 돌보아 주는 곳을 '양○원'이라고 부릅니다.

세·로·열·쇠
♦약초로써 이것을 먹으면 늙지 않는다는 상상의 풀을 '불○초' 라고 합니다.

24

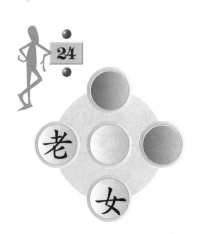

가·로·열·쇠
♦늙은 사람과 젊은 사람이란 뜻으로 '노○' 라고 합니다.

세·로·열·쇠
♦아직 나이가 어린 여자 아이를 말하지만 시집가지 아니한 젊은 여자가 자기자신을 '○녀' 라고 말하기도 합니다.

❌ 쓰기연습(바르게 따라쓰세요) ❌

草 풀 초	草	草	草	草	女 계집 녀	女	女	女	女

십자성학습한자퍼즐

25

가·로·열·쇠
♦아들과 딸이라는 뜻으로 부모님의 자식을 일러 "자○"라고 합니다.

세·로·열·쇠
♦남자들이 주로 쓰는 생필품이나 화장실 등을 '○자용'이라고 합니다.

26

가·로·열·쇠
♦부모를 잘모시는 딸을 일러 '효○'라고 합니다. 이웃집 아줌마가 나더러 '효○'라고 했습니다.

세·로·열·쇠
♦본래 어린이와 여자란 뜻이지만 여자를 낮추어 이르는 말이기도 합니다. 우리 아빠는 화나시면 어머니께 '아○자'들이란 말을 가끔 쓰십니다.

⚔ 쓰기연습(바르게 따라쓰세요) ⚔

用	用	用	用	用	子	子	子	子	子
쓸 용					아들 자				

십자성학습한자퍼즐

27

가·로·열·쇠
♦ 새로운 세상을 사람들은 '신○지' 라고 말합니다. 나는 '신○지' 가 무엇인지 어디에 있는지 모릅니다.

세·로·열·쇠
♦ 사람들은 사람이 살고 있는 이 세상과는 다른 아주 딴 세상을 '별○지' 라고 했습니다.

28

가·로·열·쇠
♦ 이곳이 아닌 다른 지방, 다른 지역을 일러 '타○방' 이라고 합니다.

세·로·열·쇠
♦ 이곳 뿐아니라 여러 지방을, 또는 전국을 각각 '각○방' 이라고 합니다.

✖ 쓰기연습(바르게 따라쓰세요) ✖

別 다를 별	別	別	別	別	他 다를 타	他	他	他	他

십자성학습한자퍼즐

29

가·로·열·쇠
◆수량이나 시간 등의 일정한 범위 안이란 뜻이다. 나는 한 시간 '이○'로 그곳에 가야 합니다.

세·로·열·쇠
◆한 국가의 영토 안과 밖을 '국○외'라고 합니다. '국○외'란 자기 나라를 포함한 많은 외국들을 통틀어 말합니다.

30

가·로·열·쇠
◆한 나라의 밖을 '국○'라고 합니다. 어! 우리 아빠도 '국○'로 출장 가신다 하셨는데….

세·로·열·쇠
◆우리나라 사람이 아닌 외국 사람들을 '○국인'이라고 합니다. '○국인'은 코큰 미국 사람뿐아니라 우리와 닮은 일본인도 있습니다.

⊠ 쓰기연습 (바르게 따라쓰세요) ⊠

以	以	以	以	以	人	人	人	人	人
써 이					사람 인				

십자성학습한자퍼즐

31

가·로·열·쇠
◆운동회 할 때 청군 백군하기도 합니다. 청색과 백색을 함께 일러 '청○색' 이라고 하는데 ○에 들어갈 한자는?

세·로·열·쇠
◆흑색과 백색을 합하여 '흑○색' 이라 부릅니다. 어른들은 어떤 논의를 일러 흑백론이라고 합니다.

32

가·로·열·쇠
◆자기 밖에 모르는 사람을 '이○심' 이 많은 사람이라고 합니다. 저도 '이○심' 이 많은 편이어서 반성합니다.

세·로·열·쇠
◆자기의 방을 한자로 '○○방' 이라고 씁니다. 자기 자신의 방이란 뜻으로 '○○방' 의 '자기' 를 한자로 표기하세요.

⬙ 쓰기연습(바르게 따라쓰세요) ⬙

青 푸를 청	青	青	青	青	心 마음 심	心	心	心	心

십자성학습한자퍼즐

33

가·로·열·쇠
♦ 앞서가거나 앞서 달리는 제일 앞의 사람을 'O두' 로 달린다고 합니다.

세·로·열·쇠
♦ 우리나라 최북단에 위치한 산이름으로 북한과 중국에 접경해 있는 산을 우리는 'O두산' 이라고 부릅니다.

34

가·로·열·쇠
♦ 아빠는 삼촌의 결혼 10년을 맞는 'O주년' 기념 선물을 무엇을 할까 하고 고민하셨습니다.

세·로·열·쇠
♦ 우리 아빠의 회사가 창립된지 100년 째라고 합니다. 그래서 'O주년' 기념으로 오늘 회사를 쉬신다고 합니다.

🕱 쓰기연습(바르게 따라쓰세요) 🕱

山	山	山	山	山	年	年	年	年	年
뫼 산					해 년				

십자성학습한자퍼즐

35

가·로·열·쇠
♦공예품이나 물건 등을 만드는 것을 '○작' 이라고 합니다.

세·로·열·쇠
♦나무를 재료로 가공하여 가구 또는 문이나 창틀 등을 만드는 곳을 '목○소' 라고 합니다.

36

가·로·열·쇠
♦우리나라를 대표하는 강이란 뜻으로 '한○' 의 기적이라고까지 합니다. 나도 작년에 '한○' 에서 오리보트를 탔습니다.

세·로·열·쇠
♦강과 산을 우리는 '○산' 이라고 하는데 삼천리 금수 강산할 때 강산도 같은 한자로 쓰입니다.

❌ 쓰기연습(바르게 따라쓰세요) ❌

木 나무 목	木	木	木	木	漢 한수 한	漢	漢	漢	漢

십자성학습한자퍼즐

37

가·로·열·쇠
♦ 나라끼리 서로 침략하지 않는 것을 서로 '불○침' 이라고 합니다. 이것을 나라끼리 맺는 약속을 '불○침' 조약이라고 합니다.

세·로·열·쇠
♦ 어떤 일을 할 수 없거나 힘이 못 미침을 '불○능' 한 일이라고 합니다.

38

가·로·열·쇠
♦ 어떤 사건이나 사실을 아니라고 인정하지 않는 것을 '○인' 한다라고 합니다.

세·로·열·쇠
♦ 옳고 그름의 뜻으로 어떤 선거에서 가와 부를 가리는 표를 '가○표' 라 하는데 찬성표와 반대표를 함께 부르는 것을 '가○표' 라고 합니다.

▧ 쓰기연습(바르게 따라쓰세요) ▧

不 아니 불	不	不	不	不	可 가할 가	可	可	可	可

십자성학습한자퍼즐

39

가·로·열·쇠

♦ 남음과 모자람을 함께 일러 '과○족' 이라고 합니다. "너 말이 너무 과한 것 아니야?" 할 때 과는 넘치다의 뜻입니다.

세·로·열·쇠

♦ 힘이 모자라거나 기량이 미치지 못하여 어떤 일을 할 수 없을 때 '역○족' 을 느낀다고 말합니다.

40

가·로·열·쇠

♦ 회의 등에서 제출된 의안을 옳지 않다고 결정을 내리는 것을 '○결' 이라고 합니다.

세·로·열·쇠

♦ 찬성표와 거부표를 함께 부르는 말로 '찬○표' 라고 합니다. 여기서 거부표는 반대표라고도 합니다.

✕ 쓰기연습 (바르게 따라쓰세요) ✕

力 힘 력	力	力	力	力	票 표 표	票	票	票	票

십자성학습한자퍼즐

41

가·로·열·쇠
♦어떤 일을 끝마치는 것을 '종○' 했다고 합니다. 우리는 학교수업을 '종○' 했습니다.

세·로·열·쇠
♦어떤 일 등을 완전하게 다 마침을 '완○' 했다라고 합니다. 나는 숙제를 '완○' 했습니다.

42

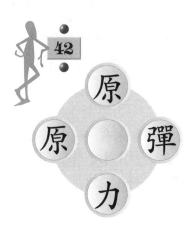

가·로·열·쇠
♦원자력을 이용하여 만든 무서운 힘의 폭탄을 원자폭탄이라고 하는데 이것의 준말로 '원○탄' 이라고 합니다.

세·로·열·쇠
♦원자핵을 이용한 그 핵의 에너지를 '원○력' 이라고 합니다. 원자력 발전소도 '원○력' 을 이용한 발전소입니다.

▨ 쓰기연습(바르게 따라쓰세요) ▨

完 완전할 완	完	完	完	完	力 힘 력	力	力	力	力

십자성학습한자퍼즐

43

가·로·열·쇠
◆불효자의 반대의 뜻으로 부모님을 잘 섬기는 자식을 '효○'라고 합니다.

세·로·열·쇠
◆불효하는 자식이라는 뜻인데 부모님께 편지할 때 자기를 낮추어 쓰는 말로 '불효○'라고도 합니다.

44

가·로·열·쇠
◆그리스도교의 성도들이 예배의 장식이나 신앙의 표시로 '십○가' 형상의 '十'자 모양의 표.

세·로·열·쇠
◆옛날 학당에서 한문을 처음 배우는 과정에서 쓰이던 책으로 지금의 한석봉 '천○문'이 바로 그것 입니다.

⚝ 쓰기연습(바르게 따라쓰세요) ⚝

不 아니 불	不	不	不	不	文 글월 문	文	文	文	文

십자성학습한자퍼즐

45

가·로·열·쇠
♦이야기나 연극·영화 등에서 중심 인물이 되는 사람을 '주○공' 이라고 합니다.

세·로·열·쇠
♦개인을 중심으로 한 사적인 것을 '개○적' 이라 표현합니다. "나는 '개○적' 사정으로 너희들과 오늘은 놀지 못해"

46

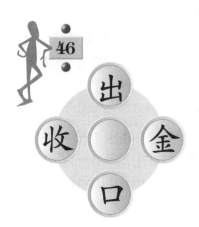

가·로·열·쇠
♦돈이나 물품 따위를 거두어 들이는 것을 수입이라고 하는데 돈이 들어 온 것을 '수○금' 이라고 합니다.

세·로·열·쇠
♦출입할 수 있는 통로나 문을 일컬어 '출○구' 라고 합니다. 이 건물의 '출○구' 는 여러 곳이 있습니다.

▨ 쓰기연습(바르게 따라쓰세요) ▨

主 주인 주	主	主	主	主	出 날 출	出	出	出	出

십자성학습한자퍼즐

47

가·로·열·쇠

♦ 과일의 껍질을 깎을 때 쓰이는 칼을 과도 라고 하는데 그런 용도로 사용되는 칼을 '과○용' 칼이라 합니다.

세·로·열·쇠

♦ 음식을 만드는데 사용되는 칼을 식도라고 하는데 그런 쓰임새의 칼을 '식○용' 칼이 라고 합니다.

48

가·로·열·쇠

♦ 어떤 일을 충분히 해낼 수 있을 만큼 힘이 나 능력이 있는 사람을 '능○자'라고 합 니다.

세·로·열·쇠

♦ 우리 선생님께서 말씀하신 건데 머리 좋 은 사람보다도 머리가 안좋은 사람이 노 력하여 위대하게 된 예가 더 많다고 하셨 습니다. 그런 사람을 '노○파'라고 하셨 습니다.

✖ 쓰기연습(바르게 따라쓰세요) ✖

用 쓸 용	用	用	用	用	者 논 자	者	者	者	者

십자성학습한자퍼즐

49

가·로·열·쇠

◆낮 12시부터 밤 12시까지의 사이를 '○후' 라고 합니다. 우리는 오후 3시에 학교 공부가 끝납니다.

세·로·열·쇠

◆낮 12시를 '정○' 이라고 합니다. 정오는 12시가 되는 한낮을 말하는 것으로 '오정' 이라고도 하고 그 전의 시간을 오전이라고 합니다.

50

가·로·열·쇠

◆젖소에서 짜낸 그대로의 천연의 우유를 '생○유' 라고 하는데 끓이거나 가공하지 않은 상태의 것을 말합니다.

세·로·열·쇠

◆큰 아빠 황소를 '황○' 라고도 한답니다. 다시 말하여 다 큰 숫소를 '황○' 라고 부르죠.

✕ 쓰기연습(바르게 따라쓰세요) ✕

正 바를 정	正	正	正	正	生 날 생	生	生	生	生

십자성학습한자퍼즐

51

가·로·열·쇠

◆우리 고모는 대학을 다니는 '여○생' 입니다. 고모는 '여○생' 이라고 으시대기도 하고 화장을 하기도 합니다.

세·로·열·쇠

◆지구의 표면에 둘러 있는 다섯 구분의 큰 바다, 즉 태평양·대서양·인도양·남빙양·북빙양을 '오○양' 이라 부릅니다.

52

가·로·열·쇠

◆특별하게 경치가 좋거나 분위기가 좋은 곳을 '별○지' 라고들 합니다.

세·로·열·쇠

◆온 천하, 전 세계를 일컫는 말로 '만○하' 라고 합니다. '만○하' 가 아는 사실인데 어떤 사람이 꾸며서 순진한 사람들을 속이려 한다고 어른들이 말씀하신 걸 들은 적이 있습니다.

✖ 쓰기연습(바르게 따라쓰세요) ✖

五 다섯 오	五	五	五	五	下 아래 하	下	下	下	下

십자성학습한자퍼즐

53

가·로·열·쇠
◆하던 일을 중간에서 그만 두게 하는 한계 선을 '중○선' 이라고 합니다.

세·로·열·쇠
◆어떤 일을 금지하는 명령이나 법령을 '금○령' 이라고 합니다. 우리 아빠는 내 성적 이 떨어졌다고 오락실 못가게 '금○령' 을 내리셨습니다.

54

가·로·열·쇠
◆ '부○직' 은 정직하지 않다는 뜻으로 부정 이라고도 합니다. '부○직' 한 사람은 언 젠가는 후회를 하게 된다고 합니다.

세·로·열·쇠
◆정상이 아닌 상태를 '비○상' 이라고 합니 다. 우리 반 친구 하나가 엉뚱한 일을 곧 잘 하여 말썽을 일으키곤 합니다. 다른 친 구들은 그 애를 '비○상' 이라고들 합니 다.

✖ 쓰기연습(바르게 따라쓰세요) ✖

中 가운데 중	中	中	中	中	直 곧을 직	直	直	直	直

십자성학습한자퍼즐

55

가·로·열·쇠

♦ '○양' 은 저녁 해, 또는 낙양 · 낙조라고 도 합니다. '○양' 의 저녁 노을은 유난히 붉고 황홀하게 합니다.

세·로·열·쇠

♦ 일간 신문을 아침에 펴낸 것을 조간 신문이라 하고, 저녁에 펴낸 신문을 석간신문이라고 하는데 조간 석간을 합하여 부를 때 '조○간' 신문이라고 합니다.

56

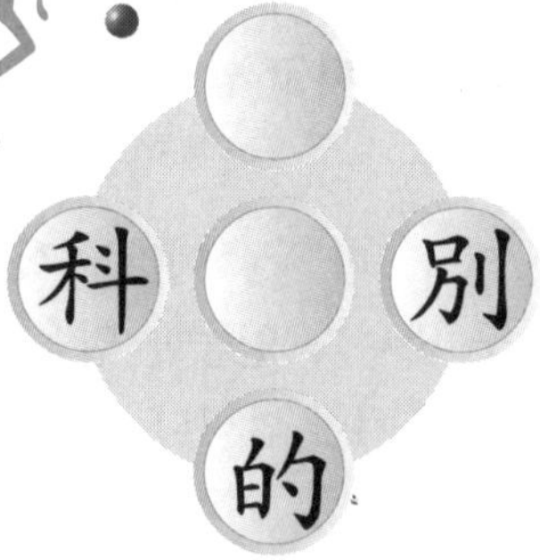

가·로·열·쇠

♦ 교과서의 제목을 구분한 것으로 '과○별' 이라고 하고 우리는 학교에서 '과○별' 로 시간표를 정하여 공부합니다.

세·로·열·쇠

♦ 여러 가지 목적을 겸한 물건 등을 '○○적' 용이라고 합니다. 예를 들어 물은 '○○적' 으로 쓰입니다. 식수로도 쓰이고 목욕물로 쓰이고 식물을 재배할 때 등등으로 쓰여서 '○○적' 이라고 할 수 있습니다.

쓰기연습(바르게 따라쓰세요)

朝 아침 조	朝	朝	朝	朝	的 과녁 적	的	的	的	的

십자성학습한자퍼즐

57

가·로·열·쇠
◆자기의 환경이나 노력 등으로 생기는 성질이나 재능 등을 '후○성' 이라고 말합니다.

세·로·열·쇠
◆태어날 때부터 지니고 있는 성질 등을 '선○적' 이라고 합니다. 내가 피아노를 잘 치는 것은 엄마의 재능을 이어받은 '선○적' 인 재능이라고 할 수 있습니다.

58

가·로·열·쇠
◆학문이나 기술을 배우거나 닦는 학업을 '공○' 라고 합니다. 나는 학교에서 '공○' 를 참 잘한다고 칭찬을 많이 받습니다.

세·로·열·쇠
◆남의 부인을 높여서 이르는 말이지만 특히 대통령의 부인을 '영○인' 이라고 합니다.

▨ 쓰기연습(바르게 따라쓰세요) ▨

先 앞 선	先	先	先	先	工 장인 공	工	工	工	工

십자성학습한자퍼즐

59

가·로·열·쇠

◆ 활을 쏘는 사람을 궁사라고 합니다. 궁사
들이 쓰는 활과 화살을 '궁○' 라고 합니
다.

세·로·열·쇠

◆ 옛날 전쟁에서 주로 무기로 쓰이던 화살
과 돌을 '○석' 이라고 부릅니다.

60

가·로·열·쇠

◆ 어떤 잘못된 일을 부주의로 저지른 것을
'○수' 라고 합니다. '○수' 는 방심이나
경솔한 행동으로 자기도 모르는 사이에
저질러지기도 합니다.

세·로·열·쇠

◆ 득실이란 이익과 손해, 성공과 실패 등을 말
하는 것이지만 여기에서 '득○차' 란 점수
를 얻고 잃음의 차, 다시말해 점수의 차를
말하는 것이 보다 적당한 말일 것입니다.

⬙ 쓰기연습(바르게 따라쓰세요) ⬙

弓 활 궁	弓	弓	弓	弓	手 손 수	手	手	手	手

십자성학습한자퍼즐

61

가·로·열·쇠
♦ 임금의 아들들을 '○자' 라고 부릅니다. 임금의 딸은 공주라고 부르지요. 우리 아빠는 날더러 "우리 공주님! 우리 공주님!" 하신답니다. 그러면 우리 아빠 왕일까요?

세·로·열·쇠
♦ '천○성' 은 약 84년 걸려서 태양을 한 바퀴 돈다는 태양계의 일곱번째 행성을 말합니다.

62

가·로·열·쇠
♦ 옥돌을 '○석' 이라 하기도 하고, 옥과 돌을 '○석' 이라고도 합니다. 그리고 진짜와 가짜를 '○석' 이라고도 합니다.

세·로·열·쇠
♦ '청○색' 은 푸른빛이 나는 옥색 빛깔의 색을 말하는데 우리 엄마는 사파이어가 '청○색' 이라 하셨습니다.

✕ 쓰기연습 (바르게 따라쓰세요) ✕

天 하늘 천	天	天	天	天	石 돌 석	石	石	石	石

십자성학습한자퍼즐

63

가·로·열·쇠
♦ 연극·영화 등에서 여자의 주인공을 여주인공이라고 합니다. 그리고 주인이 여자일 때 우리는 '여○인' 이라고 합니다.

세·로·열·쇠
♦ 우리나라의 국기로 태권도는 우리나라가 '종○국' 입니다. 우리나라가 '종○국' 인 태권도는 우리나라 뿐아니라 세계인의 자랑입니다.

64

가·로·열·쇠
♦ 학교에서 공부를 우리들에게 가르쳐 주시는 분을 '선○' 님이라고 부릅니다. 곧, 학문이나 기술 등을 가르치는 분이 '선○' 님 이십니다.

세·로·열·쇠
♦ 중학교·고등학교 언니들이 입는 교복을 '학○복' 이라고 합니다. 언니들의 '학○복' 은 정말 멋있습니다. 나도 빨리 커서 그 '학○복' 을 입고 싶습니다.

⊠ 쓰기연습(바르게 따라쓰세요) ⊠

宗 마루 종	宗	宗	宗	宗	服 입을 복	服	服	服	服

십자성학습한자퍼즐

65

가·로·열·쇠
♦어떤 곳의 땅에 본디부터 살고 있던 사람들을 '원○민' 이라고 하는데 그 반대말은 '이주민' 이라고 합니다.

세·로·열·쇠
♦지금 자기가 살고 있는 집의 주소를 '현○소' 라고 합니다. 자기의 현주소를 엄마 아빠께 꼭 물어보세요.

66

가·로·열·쇠
♦어떤 물건이나 상품 등을 보내달라거나 어떻게 만들어 달라고 부탁하는 것을 주문이라 합니다. 그런데 주문하는 사람이 많았을 때 먼저 주문한 것을 '선○문' 이라고 합니다.

세·로·열·쇠
♦조심 또는 주의를 하지 않는 것을 '부○의' 라고 합니다. 나는 신발주머니를 '부○의' 하여 잃어버렸습니다.

▩ 쓰기연습(바르게 따라쓰세요) ▩

民 백성 민	民	民	民	民	先 먼저 선	先	先	先	先

십자성학습한자퍼즐

67

가·로·열·쇠
♦미래의 모습을 '미○상' 이라고 하는데 나의 '미○상' 은 어떤 모습일까? 간호사? 선생님? 발명가? 장군?

세·로·열·쇠
♦미래를 위해 일을 하는 사람들을 자칭 '미○파' 라고들 합니다.

68

가·로·열·쇠
♦그 달의 마지막 날 무렵을 '월○경' 이라고 합니다. 이 달 '월○경' 우리는 중간고사를 치릅니다.

세·로·열·쇠
♦그 해의 끝 또는 그 연도의 끝 무렵을 '연○경' 이라고 합니다. 우리는 '연○경' 겨울방학을 하고, 그 즈음, 성탄절도 있습니다.

⊠ 쓰기연습(바르게 따라쓰세요) ⊠

未 아닐 미	未	未	未	未	年 해 년	年	年	年	年

십자성학습한자퍼즐

69

가·로·열·쇠

◆대단히 큰 나무, 또는 위대한 사람을 비유하는 말로 '○목' 이라고 합니다.

세·로·열·쇠

◆큰 액수의 돈을 '○금' 이라고 하는데 난 오늘 '○금' 만원을 저금했다.

70

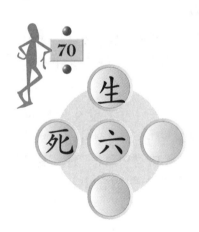

가·로·열·쇠

◆조선 초기, 세조 때 단종의 복위를 꾀하다 잡혀 죽은 여섯 명의 충신. 상삼문·박팽년·하위지·이개·유응부·유성원을 이르는 말.

세·로·열·쇠

◆조선 시대에 세조가 단종으로부터 임금의 자리를 빼앗자 벼슬을 버리고 절개를 지킨 여섯 신하, 이맹전·조여·원호·김시습·성담수·남효온을 이르는 말.

✕ 쓰기연습(바르게 따라쓰세요) ✕

木 나무 목	木	木	木	木	生 날 생	生	生	生	生

십자성학습한자퍼즐

71

가·로·열·쇠
◆ 시계에는 시간과 분과 초를 가리켜 주는 침이 있는데 이것이 '시○초' 의 침입니다.

세·로·열·쇠
◆ 분명하지 않거나 분명하지 못한 것을 '불○명' 하다고 합니다. 난 철수의 '불○명' 한 태도 때문에 이따금 애가 탑니다.

72

가·로·열·쇠
◆ 어떤 조건이나 격식에 미달되거나 시험에 떨어지는 것을 '불○격' 이라고 합니다.

세·로·열·쇠
◆ 이치나 도리에 어긋나거나 맞지 않을 때 '불○리' 하다고 합니다. 학생이 공부보다 오락실 가는 것을 더 좋아하는 것은 '불○리' 한 행동이라 말할 수 있습니다.

✖ 쓰기연습(바르게 따라쓰세요) ✖

時 때 시	時	時	時	時	不 아니 불	不	不	不	不

십자성학습한자퍼즐

73

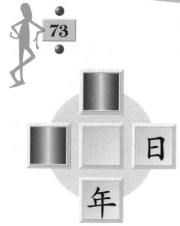

가·로·열·쇠
♦ 어른들은 우리말로 오늘이란 좋은 말이 있는데 왜 어려운 한자어로 '○일' 이라고 할까?

세·로·열·쇠
♦ 엄마가 '○년' 운수가 좋다던가 나쁘다던가 하셨던 말이 생각납니다. 나는 '○년'에 꼭 일등해야 할 텐데 열심히 공부해야겠다.

74

가·로·열·쇠
♦ 윗사람이 아랫사람에게 내리는 지시나 분부를 '명○' 이라고 합니다. 군인 아저씨들을 보면 상관이 부하에게 '명○' 하기도 합니다.

세·로·열·쇠
♦ 여러 사람들의 행군이나 움직임 등을 통일하기 위해 지르는 소리가 '구○' 입니다. 대개는 여러 사람들 중 대표나 상관이 그 '구○' 을 합니다. '차렷, 열중 쉬어, 경례' 등이 있습니다.

✖ 쓰기연습(바르게 따라쓰세요) ✖

日 날 일	日	日	日	日	口 입 구	口	口	口	口

십자성학습한자퍼즐

75

가·로·열·쇠

◆야구에서 외야(마당의 밖)를 수비하는 선수들을 '외야○' 라고 합니다.

세·로·열·쇠

◆야구에서 내야를 수비하는 일루수 · 이루수 · 삼루수 · 유격수를 '내야○' 라고 합니다.

76

가·로·열·쇠

◆나무나 풀이 나 있지 않은 거친 땅을 '불○지' 라고 합니다. 또 어떤 것이 번성하기 전 아무것도 없었던 상태를 '불○지' 였다고 표현합니다.

세·로·열·쇠

◆양의 털과 가죽을 일러 '양○피' 라고 하는데 주로 '양○피' 는 옷(외투)을 만드는 재료로 쓰입니다.

▨ 쓰기연습(바르게 따라쓰세요) ▨

内 안 내	内	内	内	内	羊 양 양	羊	羊	羊	羊

십자성학습한자퍼즐

77

가·로·열·쇠
◆논이나 밭으로 쓰이는 땅을 '○지' 라고 합니다. 원래는 '전답지' 라고 해야 하는데 '답' 이 생략되어 '○지' 라고 합니다.

세·로·열·쇠
◆시골에 논과 밭이 많습니다. 이런 밭과 논들을 '○답' 이라고 합니다. 밭에서는 식용 채소 등을 기르고 논에서는 우리가 먹는 밥의 재료인 쌀을 농사 짓습니다.

78

가·로·열·쇠
◆ '○종' 은 B급, 중급 등의 의미로 품질의 중간을 나타내는 말입니다.

세·로·열·쇠
◆순서나 품질의 우열 등을 나타낼 때 쓰이는 '○○병' 있어 질이 좋은지 나쁜 것인지를 나타냅니다. A급 · B급 · C급도 같은 의미의 말입니다.

▨ 쓰기연습(바르게 따라쓰세요) ▨

地 땅지	地	地	地	地	種 씨 종	種	種	種	種

십자성학습한자퍼즐

79

가·로·열·쇠

◆어떤 일이 벌어진 까닭, 또는 그 일의 원인 등을 '이○' 라고 합니다. 내가 지각한 '이○' 를 선생님께 잘 말씀드렸더니 오히려 칭찬해 주셨습니다.

세·로·열·쇠

◆남의 간섭을 받지 않고 어떤 한계나 규율 내에서 자기 마음대로 행동하는 것을 자유라고 합니다. 그리고 그것을 토대로 정당한 행위에 대한 자유를 갖는 사람을 '자○인' 이라고 합니다.

80

가·로·열·쇠

◆짝을 이루고 있는 두 개의 곡선을 '쌍○선' 이라고 합니다. 곡예 비행에서 비행기 꼬리에 빨강·노랑색 연기로 '쌍○선' 을 이루고 지나갔었습니다.

세·로·열·쇠

◆뛰어난 곡이나 유명한 명곡을 모아 엮은 책이나 철을 하여 묶은 것을 '명○집' 이라고 합니다. 우리집에도 베토벤의 '명○집' 이 있는데….

✕ 쓰기연습 (바르게 따라쓰세요) ✕

自 스스로 자	自	自	自	自	名 이름 명	名	名	名	名

십자성학습한자퍼즐

81

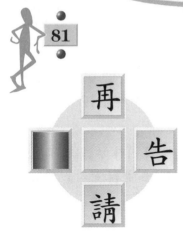

가·로·열·쇠
◆해당 기관이나 상급자에게 일정한 사실을 보고하거나 알리는 일을 '○고'라고 합니다.

세·로·열·쇠
◆관청이나 은행 등에 어떤 일을 도와 줄 것을 청하는 일을 신청이라 합니다. 신청했던 일을 다시 신청하는 것을 곧, '재○청'이라고 합니다.

82

가·로·열·쇠
◆세력이나 효력 등을 더욱 더 크고 넓게 하는 것을 '○장'이라고 합니다. 우리 엄마가 운영하는 가게에도 〈'○장' 개업〉이라고 유리창에 붙여 놓은 것을 보았습니다.

세·로·열·쇠
◆편지 등에서 글을 다 쓰고 나서 덧붙일 말이나 특별히 해야할 말을 그 글의 끝머리에 쓰는 것을 '추○'이라고 합니다.

✖ 쓰기연습(바르게 따라쓰세요) ✖

告 알릴 고	告	告	告	告	張 베풀 장	張	張	張	張

십자성학습한자퍼즐

83

가·로·열·쇠
♦ 3월이 되기 전 2월의 마지막 무렵을 '2○말' 이라고 합니다. '2○말' 이 되면 동생들의 입학식을 앞둔 시기입니다.

세·로·열·쇠
♦ 2월이 지나고 3월의 시작 무렵을 '3○초' 라고 합니다. '3○초' 부터 봄기운 감도는 봄의 시작이기도 합니다.

84

가·로·열·쇠
♦ 어떤 것을 사람이 이롭게 쓰는 것을 이용이라 합니다. 그것을 이용하는 사람을 곧, '이○자' 라고 하지요.

세·로·열·쇠
♦ 물건이나 사람을 쓰는 사람을 '사○자' 라고 합니다. 장바구니를 사용하는 '사○자' 는 대개 여자들입니다.

✖ 쓰기연습 (바르게 따라쓰세요) ✖

末 끝 말	末	末	末	末	利 이로울 리	利	利	利	利

십자성학습한자퍼즐

85

가·로·열·쇠
♦ 첫대의 조상이나 어떤 일을 처음 시작한 사람을 '○조'라고 합니다. 또뽑기의 '○조'는 과연 누구일까요?

세·로·열·쇠
♦ 서력 기원이 시작되기 이전을 '기○전'이라고 합니다.

2000 ── |○| ── 2000년
(기원전)　　(기원)　　서기(기원 후)

86

가·로·열·쇠
♦ 완전하지 못하고 위태하거나 부족하거나 결점이 있는 상태를 '불○전' 하다고 합니다.

세·로·열·쇠
♦ 어떤 일의 끝을 다 맺지 못한 것을 '미○성'이라고 합니다. 이 뜻을 안다면 〈'미○성' 교향곡〉의 의미를 알 수 있습니다.

⊠ 쓰기연습 (바르게 따라쓰세요) ⊠

祖 조상 조	祖	祖	祖	祖	成 이룰 성	成	成	成	成

십자성학습한자퍼즐

87

가·로·열·쇠
♦어떤 도시(시)의 안과 밖을 함께 표현할 때 '시○외' 라고 합니다. TV광고는 '시○외' 로 널리 알려집니다.

세·로·열·쇠
♦건물이나 교실 또는 방 등의 안과 밖을 '실○외' 로 표현합니다. 우리 학교에서는 '실○외' 에서 운동할 수 있습니다.

88

가·로·열·쇠
♦동물들 중에는 초식 동물, 잡식 동물, '○식' 동물이 있습니다. 그 중 호랑이나 사자는 '○식' 동물 입니다.

세·로·열·쇠
♦돼지고기나 쇠고기 등을 파는 가게를 '정○점' 이라고 하는데 우리 엄마도 '정○점' 에서 고기를 사서 고기국을 만들곤합니다.

▩ 쓰기연습(바르게 따라쓰세요) ▩

外 밖 외	外	外	外	外	食 먹을 식	食	食	食	食

십자성학습한자퍼즐

89

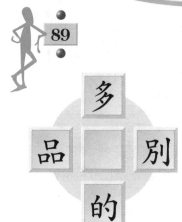

가·로·열·쇠
♦어떤 물건 등의 종류를 나타내는 이름 품목이라고 합니다. 여러 품목을 구별하는 것을 '품○별' 이라고 표현합니다.

세·로·열·쇠
♦어떤 물건 등이 여러가지 목적으로 쓰일 수 있는 것을 '다○적' 물건이라고 합니다. 지우개 달린 연필도 '다○적' 이라고 볼 수 있습니다.

90

가·로·열·쇠
♦자신의 몸 또는 스스로의 자신을 '○기' 라고 합니다. 그런데 이웃집의 누나는 어떤 형에게 '○기' 라고 부르더라고요.

세·로·열·쇠
♦어떤 이유로 몸이나 마음이 얽매어 자유롭지 못함을 '부○유' 라고 합니다. 나도 팔을 다쳐 행동이 '부○유' 스러웠던 적이 있었습니다.

🎔 쓰기연습(바르게 따라쓰세요) 🎔

多	多	多	多	多	己	己	己	己	己
많을 다					몸 기				

십자성학습한자퍼즐

91

가·로·열·쇠

♦ '○류'는 조개의 종류를 말합니다. '○류'는 연체동물 중 패각(조가비)를 껍데기로 달고 다닙니다.

세·로·열·쇠

♦ 생선류와 조개류를 통틀어 '어○류'라고 불리웁니다. '어○류'의 서식처는 강과 바다입니다.

92

가·로·열·쇠

♦ 회사에 근무하는 사람, 다시 말해서 회사원이 사용할 수 있는 시설이나 물건 등을 '사○용'이라고 합니다.

세·로·열·쇠

♦ 일정한 규정에 따라 정해진 사람의 수효 제한하는 것을 '정○제'라고 합니다. 우리학교 스쿨버스도 정원제로 한 버스의 정원은 48명이라고 합니다.

⊠ 쓰기연습(바르게 따라쓰세요) ⊠

魚 물고기 어	魚	魚	魚	魚	定 정할 정	定	定	定	定

십자성학습한자퍼즐

93

가·로·열·쇠
♦ '○본' 은 전체의 길이나 상태 등을 보여 주기 위해 실재의 물건과 같게 본보기로 만든 물건을 말합니다.

세·로·열·쇠
♦어떤 일에 대한 생각이나 마음 속에 지니고 있는 생각 등을 의견이라고 하는데 그것은 제안하는 사람을 '의○자' 라고 합니다.

94

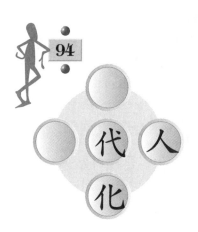

가·로·열·쇠
♦현대적인 교양을 쌓아 현대식 생활을 하는 사람, 또는 현대에 살고 있는 사람을 '○대인' 이라고들 합니다.

세·로·열·쇠
♦현대에 알맞게 새로운 것으로 하는 것, 또는 그렇게 되게 하는 것을 '○대화' 라고 합니다. 옛날 기와나 초가집들을 양옥집으로 '○대화' 하였다고 합니다.

❈ 쓰기연습(바르게 따라쓰세요) ❈

本 근본 본	本	本	本	本	化 될 화	化	化	化	化

십자성학습한자퍼즐

95

가·로·열·쇠
◆학부형(學父兄)은 원래 학생의 아버지와 형이란 뜻이지만 학생의 보호자라는 뜻으로 쓰입니다. 또 다른 말로 '학○모'라고도 합니다.

세·로·열·쇠
◆할아버지와 할머니를 '조○모'라고 합니다. 할아버지를 조부, 할머니를 조모라고 하는데 두분을 함께 부를 때 '조○모'님 이라고 합니다.

96

가·로·열·쇠
◆ '○교'란 자기가 졸업한 학교를 스스로 일러 말하는 것입니다. 우리 아빠의 초등학교의 '○교'도 내가 다니는 초등학교라고 합니다.

세·로·열·쇠
◆아버지의 형제 자매 중 누이를 고모라고 하는데, 그 고모의 남편이 되는 사람을 '고○부'라고 합니다.

🔯 쓰기연습(바르게 따라쓰세요) 🔯

祖 조상 조	祖	祖	祖	祖	夫 아비 부	夫	夫	夫	夫

십자성학습한자퍼즐

97

가・로・열・쇠
♦ 친형제가 아닌 의리로 맺은 형제를 '의○제' 라고 합니다. '의○제' 는 우애가 깊어 남이 되기 싫은 까닭에 형제를 맺는 것입니다.

세・로・열・쇠
♦ 한 부모에게서 태어난 친형과 친 동생을 '친○제' 라고 합니다. '친○제' 는 우애있게 서로 사랑해야 한다고 아빠께서 말씀하셨습니다.

98

가・로・열・쇠
♦ 불교의 신불의 가르침을 믿고 의지하는 사람을 '불○자' 라고 합니다. 불교는 부처인 석가모니의 가르침을 받습니다.

세・로・열・쇠
♦ 제자 중에서 학문이나 기술 등이 가장 뛰어나서 스승이 특별하게 아끼는 제자를 '수○자' 라고 합니다.

⊠ 쓰기연습 (바르게 따라쓰세요) ⊠

弟 아우 제	弟	弟	弟	弟	子 아들 자	子	子	子	子

십자성학습한자퍼즐

99

가·로·열·쇠
♦ 문화적 가치가 있는것으로써 형태가 있는 유형 '문○재'와 형태가 없는 무형 '문○재'가 있는데 '문○재'는 국가와 국민이 서로 보호해야 할 우리 민족의 보물입니다.

세·로·열·쇠
♦ 수준 등이 높은 현대문화의 생활을 하는 사람들은 '문○인' 이라고 합니다. 우리 누나는 '문○인' 답게 예의를 지키자는 말을 잘 씁니다.

100

가·로·열·쇠
♦ 꽃이 피는 풀과 나무를 '○초'라고 합니다. '○초'는 사람들이 보기 위해서 심고 가꾸는 것을 관상용 '○초'라고도 합니다.

세·로·열·쇠
♦ '무○과'는 글대로라면 꽃이 없는 과실인 줄 알았는데, 선생님께서는 봄부터 여름에 걸쳐 꽃이 피는데 겉에서 보이지 않아 '무○과'라 했다고 하셨습니다.

🖾 쓰기연습(바르게 따라쓰세요) 🖾

文 글월 문	文	文	文	文	果 실과 과	果	果	果	果

십자성학습한자퍼즐

101

가·로·열·쇠
♦남의 의견과 자기의 의견을 같다고 느끼고 동의하는 것을 '○성' 이라고 합니다. 반대말은 '반대' 입니다.

세·로·열·쇠
♦찬성과 반대를 통털어 부르는 말로 '○반' 이라고 합니다. 우리반의 반장 선거도 역시 '○반' 투표를 해서 선출했습니다.

102

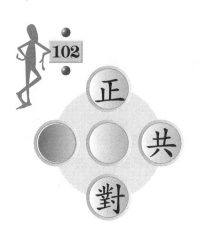

가·로·열·쇠
♦공산주의를 반대하는 것, 또는 공산주의에 투쟁하는 것을 '○공' 이라고 합니다. 우리나라는 '○공' 주의 국가입니다.

세·로·열·쇠
♦완전히 반대되는 일이나 바로 맞은 편의 맞보는 곳을 가리켜 '정○대' 라고 합니다. 내가 서 있는 곳은 그곳과는 '정○대' 편에 있습니다.

▨ 쓰기연습(바르게 따라쓰세요) ▨

成 이룰 성	成	成	成	成	共 함께 공	共	共	共	共

십자성학습한자퍼즐

103

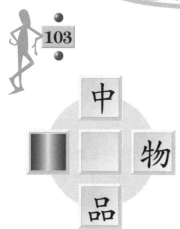

가·로·열·쇠
◆헐거나 낡아서 못쓰게 되는 물건을 '○물' 이 되었다고 합니다. '○물' 을 사려고 동네방네 다니는 아저씨는 왜 '○물' 을 사려는 것일까?

세·로·열·쇠
◆신품도 아니고 고물도 아닌 누군가가 쓴 일이 있는 물건으로 다시 쓸 수 있는 물건을 '중○품' 이라고 합니다.

104

가·로·열·쇠
◆생활이나 일 등이 매우 어렵고 가난한 것, 또는 몹시 애쓰고 수고함을 '○생' 한다고 합니다.

세·로·열·쇠
◆병이 들어 아픈 고통을 일러 '병○' 라고 합니다. 저희 할머니께서 아프셨을 때 아빠 친구분들이 오셔서 "얼마나 '병○' 가 심하십니까? 빨리 쾌차 하십시오." 라고 문병인사를 하셨습니다.

✖ 쓰기연습(바르게 따라쓰세요) ✖

品 품격 품	品	品	品	品	生 날 생	生	生	生	生

십자성학습한자퍼즐

105

가·로·열·쇠
♦생김새나 태도 등이 의젓하고 고상한 남자를 '귀○자' 같다고 합니다. 나도 '귀○자' 타입의 남자 친구가 좋습니다.

세·로·열·쇠
♦공평하게 똑같이 대해 주지 않고 차별하는 것을 '불○평' 하다고 합니다. 내 친구 아빠는 친구보다 그애의 오빠만 더 편애한다고 하는데 그것은 '불○평' 해요.

106

가·로·열·쇠
♦사람이나 동물·식물 등이 사는 것과 죽는 것을 생과 사라고 하는데 이것을 '○사' 라고 합니다.

세·로·열·쇠
♦사람마다 자기의 사사로운 생활을 '○○활' 이라고 합니다. 나에게도 '○○활' 이 있습니다. 그러니까 내 '○○활' 을 너무 간섭하지 마세요.

▩ 쓰기연습(바르게 따라쓰세요) ▩

平 평평할 평	平	平	平	平	活 살 활	活	活	活	活

십자성학습한자퍼즐

107

가·로·열·쇠

♦나라끼리의 다툼이나 전쟁을 하는데 어느 쪽 나라의 편도 들지 않고 중립을 지키는 나라를 '중○국' 이라고 합니다.

세·로·열·쇠

♦어떤 물건이나 공작품 등을 만드는 데 필요한 작은 부품을 끼워 맞추게 하는 방식을 '조○식' 이라고 합니다. 나도 '조○식' 장난감이 있습니다.

108

가·로·열·쇠

♦목소리나 음의 성질을 '○질' 이라고 하지만, 녹음기 테이프 등 어떤 소리의 좋고 나쁨의 질을 '○질' 이라고도 합니다.

세·로·열·쇠

♦어떤 음악이나 음성·소리 등을 다시 들을 수 있도록 테이프 등에 녹음할 수 있는 기계를 '녹○기' 라고 합니다.

⊠ 쓰기연습(바르게 따라쓰세요) ⊠

式 법 식	式	式	式	式	器 그릇 기	器	器	器	器

십자성학습한자퍼즐

109

가·로·열·쇠

◆어떤 글의 구절을 '문○'라고 합니다. 선생님께서는 저의 독후감을 보시고 이 문구와 저 '문○'를 바꾸면 더욱 생생한 내용이 되겠는데, 하셨습니다.

세·로·열·쇠

◆시의 구와 절을 '시○절'이라고 하는데 "이렇게 부슬비가 내리는 날에는 어렸을 적에 암송했던 '시○절'이 생각난다"고 엄마는 말씀하셨습니다.

110

가·로·열·쇠

◆어떤 물건이나 내용 속에 다른 것이나 다른 내용이 들어 있는 것을 '○함'이라고 합니다. 우리끼리 놀러 갈 때 철수도 '○함' 시켜 주자.

세·로·열·쇠

◆우체국을 통해서 우편으로 보내고 받는 물건을 '소○물'이라고 합니다. 우체부 아저씨가 아빠 앞으로 온 '소○물'을 가지고 오셨습니다.

▨ 쓰기연습(바르게 따라쓰세요) ▨

詩 시 시	詩	詩	詩	詩	物 만물 물	物	物	物	物

십자성학습한자퍼즐

111

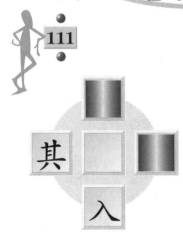

가·로·열·쇠

♦어떤 것들의 이외의 것, 또는 그 밖의 다른 것을 '기○'라고 합니다. 우리 선생님은 무엇을 설명하실 때 〈'기○' 등등…〉이란 말을 자주 쓰십니다.

세·로·열·쇠

♦다른 사람, 또는 관계없는 사람을 '○인'이라고 합니다. 우리 엄마는 출장이 많은 아빠께 "어쩔 때는 당신 '○인' 같아요"라고 하십니다.

112

가·로·열·쇠

♦'○○방'은 다른 지방, 딴 곳, 타지라고 표현하기도 합니다. 우리 아빠는 회사의 일로 '○○방'으로 출장을 가셨습니다.

세·로·열·쇠

♦다른 지방의 이름을 '타○명'이라고 합니다. 다시말해 타지방의 이름을 '타○명'이라고 합니다.

▧ 쓰기연습(바르게 따라쓰세요) ▧

人 사람 인	人	人	人	人	名 이름 명	名	名	名	名

십자성학습한자퍼즐

113

가·로·열·쇠
♦수입보다 지출이 많은 상태를 '○자' 라고 합니다. 엄마는 가게장부를 정리하시다가 한숨 쉬시더니 "이달은 '○자' 구나"하셨습니다.

세·로·열·쇠
♦청색과 적색(빨강)을 '청○색' 이라고 말하는데, 청색과 적색을 혼합한 색을 '청○색' 이라고도 합니다.

114

가·로·열·쇠
♦원래는 만물이 푸른 봄을 이르는 말인데 언제부턴가 스무 살 안팎의 젊은 나이를 '○춘' 이라 한다고 엄마께서 말씀해 주셨습니다.

세·로·열·쇠
♦흰색과 청색을 같이 부를 때 '백○색' 이라고 합니다. 운동회 때 이 색깔로 구분하여 백군과 청군으로 편을 가르기도 합니다.

✕ 쓰기연습(바르게 따라쓰세요) ✕

字	字	字	字	字	色	色	色	色	色
글자 자					빛깔 색				

십자성학습한자퍼즐

가·로·열·쇠

♦어떤 물건 등이 정상품보다 더 질이 나쁜 것을 '불○품' 이라고 합니다. 품질이 좋지 않은 '불○품' 은 사지 맙시다.

세·로·열·쇠

♦어떤 물건이나 품종 등을 지금의 것보다 좋게 하는 것을 개량이라하고 그 물건이나 품종을 '개○품' 이라고 합니다.

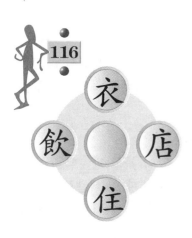

가·로·열·쇠

♦음식을 만들어 파는 가게를 '음○점' 이라고 합니다. '음○점' 에는 집에서 맛볼 수 없는 많은 음식들이 있고 그것은 메뉴판에 적혀 있습니다.

세·로·열·쇠

♦사람이 살아가는 데 꼭 필요한 세 가지 요소를 '의○주' 라고 하는데 그것은 곧 입을 옷과 먹을 식량과 자고 쉴 수 있는 집을 말합니다.

▨ 쓰기연습(바르게 따라쓰세요) ▨

改 고칠 개	改	改	改	改	衣 옷 의	衣	衣	衣	衣

십자성학습한자퍼즐

117

가·로·열·쇠

◆옷감이나 종이 등에 들인 색깔이 그 빛이 바래어 엷어진 것을 탈색이 되었다고 하는데 종이의 색깔이 바래고 엷어진 것을 '탈○지' 라고 합니다.

세·로·열·쇠

◆색다른 성질을 지닌 것, 아주 특별한 풍경 등을 '이○적' 이라고 합니다. 나도 '이○색' 인 곳으로 여행 해보고 싶다.

118

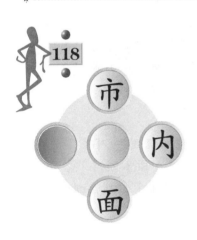

가·로·열·쇠

◆지방에는 군 다음 읍이 있는데 그 읍의 안을 '○내' 라고 합니다. 저의 외할머니께서는 저를 '읍○' 의 장에 데리고 가신 적이 있었습니다.

세·로·열·쇠

◆도시는 시와 구와 동으로 지역이 구분되는데 지방은 대개 시와 군과 읍과 면, 그리고 리(里)로 지역이 구분 됩니다. 시와 읍과 면을 '시○면' 이라고 합니다.

▨ 쓰기연습(바르게 따라쓰세요) ▨

異 다를 이	異	異	異	異	面 고을 면	面	面	面	面

십자성학습한자퍼즐

119

가·로·열·쇠

◆지방이나 시골에서 서울로 올라오는 것을 '상○' 이라고 합니다. 저희 외할머니께서 열차편으로 오늘 '○경' 하신다고 전화가 왔습니다.

세·로·열·쇠

◆중국 허베이 성에 있는 대도시, 역대 900 년간 중국의 수도임. 북경을 베이징이라 고 부르는데 그 시를 '북○시' 라고 씁니다.

120

가·로·열·쇠

◆자연의 아름다운 경관을 주로 우리는 '○ 치' 라고 합니다. 설악산 여행 갔을 때 정 말 '○치' 가 아름다웠습니다.

세·로·열·쇠

◆물건 등을 사고 팔고 하는 거래 등에 나타 나는 경제활동의 상태를 경기라고 하는데 호황이 아니고 경제가 어려운 때를 '불○ 기' 라고 합니다.

▨ 쓰기연습(바르게 따라쓰세요) ▨

北	北	北	北	北	氣	氣	氣	氣	氣
북녘 북					기운 기				

십자성학습한자퍼즐

121

가·로·열·쇠

♦갑자기 많이 쏟아지는 비를 폭우라고 합니다. 그 양을 말할 때 '폭○량' 이라고 합니다.

세·로·열·쇠

♦'측○기' 는 내린 비의 양을 재는 기구인데 우리나라는 조선 세종 때 장영실이 발명한 것으로 서양의 것보다 200년이나 앞서 만들어졌다고 합니다.

122

가·로·열·쇠

♦조선시대 때 문벌이나 신분 등이 높은 사람을 가리켜 '○반' 이라고 하였습니다. '○반' 되기 틀렸네 호랑이도 제 말을 하면 나타난다더니….

세·로·열·쇠

♦두 편 또는 양방·양쪽의 측면을 '○측' 이라고 합니다. '○측' 이 서로 양보하고 힘을 합한다면 강력한 팀이 될텐데….

✖ 쓰기연습(바르게 따라쓰세요) ✖

器 그릇 기	器	器	器	器	班 나눌 반	班	班	班	班

십자성학습한자퍼즐

123

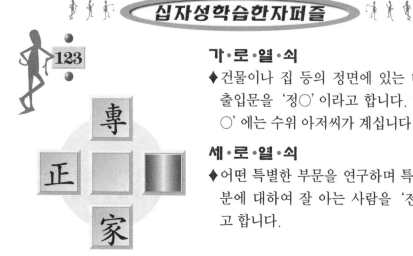

가·로·열·쇠
♦ 건물이나 집 등의 정면에 있는 대문이나 출입문을 '정○' 이라고 합니다. 학교 '정 ○' 에는 수위 아저씨가 계십니다.

세·로·열·쇠
♦ 어떤 특별한 부문을 연구하며 특히 그 부분에 대하여 잘 아는 사람을 '전○가' 라고 합니다.

124

가·로·열·쇠
♦ 어떤 물음에 대답하는 형식을 '○답' 이라고 합니다. 학교에서 시험을 볼 때 '○답' 형식의 문제가 많습니다.

세·로·열·쇠
♦ 몇 가지 질문을 통하여 관심있는 연구사항을 조사하기 위한 내용의 종이를 '설○지' 라고 합니다.

▨ 쓰기연습(바르게 따라쓰세요) ▨

家 집가	家	家	家	家	答 대답 답	答	答	答	答

십자성학습한자퍼즐

125

가·로·열·쇠
♦ 여러 사람들에게 전하여 들리는 말을 '소
○' 이라고 합니다. '소○' 은 좋은 '소○'
도 많지만 나쁜 '소○' 들도 많아 이따금
친구들을 가슴 아프게 합니다.

세·로·열·쇠
♦ 여행 등을 통하여 보고 들은 사실들이나
견문으로 얻은 지식 등을 기록으로 남긴
것은 '견○록' 이라고 합니다. 기행문과
비슷하죠?

126

가·로·열·쇠
♦ 별로 할 일이 없이 시간이 많음을 '○가'
하다고 하며 그런 사람을 한가한 사람이
라고 합니다.

세·로·열·쇠
♦ 시골 농촌에서 농사일이 바쁘지 않고 한
가한 시기를 '농○기' 라고 합니다. 그 반
대로 농번기 때는 농촌의 농부들은 무척
바쁩니다.

✖ 쓰기연습 (바르게 따라쓰세요) ✖

見	見	見	見	見	農	農	農	農	農
볼 견					농사 농				

십자성학습한자퍼즐

127

가 · 로 · 열 · 쇠

♦이미 있는 것에 새로운 것을 더하여 좀더 낫게 고치는 것을 '재○발' 이라고 하며, 낡은 건물을 헐고 새롭게 건물을 다시 세우는 것도 '재○발' 이라고 합니다.

세 · 로 · 열 · 쇠

♦영업을 새롭게 열어 시작하는 것을 개업이라고 합니다. 이 개업을 축하한다는 뜻으로 '축○업' 이라고 하며, 그렇게 봉투 등에 써서 보탬을 주기도 합니다.

128

가 · 로 · 열 · 쇠

♦문을 닫거나 사용하지 않는 문을 '○문' 이라고 합니다. 그 '○문' 에는 판자를 십자로 대어 못질해 놓은 곳도 있습니다.

세 · 로 · 열 · 쇠

♦집회 또는 회의를 다 마치면 폐회 선언을 하고 '○회' 합니다.

☒ 쓰기연습(바르게 따라쓰세요) ☒

祝 빌 축	祝	祝	祝	祝	門 문 문	門	門	門	門

십자성학습한자퍼즐

129

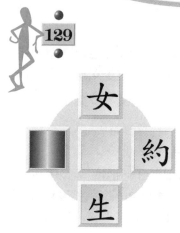

가·로·열·쇠
♦먼저 한 약속을 '○약' 이라고 합니다. 철수가 빵먹으러 가자고 나에게 말했습니다. 그런데 나는 같이 가지 못했습니다. 수지와 먼저 한 '○약' 이 있었기 때문입니다.

세·로·열·쇠
♦우리 반의 담임 선생님은 예쁜 '여○생' 입니다. 나는 가끔 미소를 머금는 우리 선생님을 몰래 훔쳐 보곤 합니다. 그럴 때마다 가슴이 뜨끔뜨끔합니다.

130

가·로·열·쇠
♦생명이 없는 물건이나 생명의 기능이 없는 물질을 '무○물' 이라고 합니다. '무○물' 로는 돌·물·흙 등이 있습니다.

세·로·열·쇠
♦그 사람이 태어난 곳의 지역을 '출○지' 라고 합니다. 이순신 장군의 '출○지' 가 서울이었다니 난 정말 몰랐던 사실을 오늘 알았다.

✖ 쓰기연습(바르게 따라쓰세요) ✖

女 계집 녀	女	女	女	女	無 없을 무	無	無	無	無

십자성학습한자퍼즐

131

가·로·열·쇠

♦ 내각제의 나라에서 행정부를 이루고 있는 내각의 우두머리를 '수○' 이라고 합니다. 국무총리, 총리, 재상과 같은 뜻입니다.

세·로·열·쇠

♦ 서로 맞서거나 서로 마주 보고 있는 것을 상대라고 합니다. 여기서 '호○대' 라고 함은 호적수라는 의미와 같은 말로 실력이나 무술 등이 서로 비슷한 상대라는 말입니다.

132

가·로·열·쇠

♦ 미루어 짐작하거나 마음 속에 그리며 생각해내는 것을 '○상' 이라고 합니다. 우리 선생님은 저더러 상상력이 풍부하다며 칭찬해 주셨습니다.

세·로·열·쇠

♦ 사상이 풍부하여 여러 사람들에게 영향을 주는 사람을 '사○가' 라고 합니다. '사○가' 는 보통 인간들에게 조언이 될 수 있는 많은 명언들을 남기기도 합니다.

❌ 쓰기연습(바르게 따라쓰세요) ❌

好 좋을 호	好	好	好	好	思 생각 사	思	思	思	思

133

가·로·열·쇠
♦ 자기의 생각이나 뜻을 '의○' 라고 합니다. 회의나 토론시간에 바른 일에 관한 것이면 자기 '의○' 를 발언할 줄 알아야 합니다.

세·로·열·쇠
♦ 생각하고 궁리하는 것을 '○고' 라고 합니다. 선생님께서는 그냥 보고 느끼는 것보다 '○고' 력을 길러야 한다고 말씀하셨습니다.

134

가·로·열·쇠
♦ 자기에게 은혜를 베풀어 준 사람을 일컬어 '○인' 이라고 합니다. 크게 감사할 일에 있어서도 베풀어 준 사람에게 인사의 말로 '○인' 이라고도 합니다.

세·로·열·쇠
♦ 어떤 학교의 졸업생이 스승님의 은혜에 감사하는 뜻으로 선생님께 베푸는 모임을 '사○회' 라고 합니다.

✖ 쓰기연습(바르게 따라쓰세요) ✖

新 새 신	新	新	新	新	人 사람 인	人	人	人	人

십자성학습한자퍼즐

135

가·로·열·쇠

◆죽은 사람을 '사○자' 라고 합니다. 어떤 사고나 병으로 죽어도 그 죽은 사람을 '사○자' 라고 합니다.

세·로·열·쇠

◆어떤 일에 잘못했거나 누명을 써서 달아나는 사람을 '도○자' 라고 합니다.

136

가·로·열·쇠

◆어떤 사실이나 기억 등을 잊어 버리는 것을 '○각' 이라고 합니다. 나는 친구와의 약속을 '○각' 하여 실수한 적이 있었습니다.

세·로·열·쇠

◆봄부터 여름에 걸쳐 흰색·자주색·남색의 꽃을 피는 '물○초' 는 "날 잊지 말아요"라는 꽃말이 있습니다.

▨ 쓰기연습(바르게 따라쓰세요) ▨

死 죽을 사	死	死	死	死	勿 말 물	勿	勿	勿	勿

십자성학습한자퍼즐

137

가 · 로 · 열 · 쇠

◆어떤 상황에서 조건이 자기에게 좋은 쪽을 말해 '○리' 라는 말을 씁니다. '○리' 한 조건이다, 이것을 택한 것이 '○리' 하다 등의 말로 활용됩니다.

세 · 로 · 열 · 쇠

◆물건 등을 가진 주인을 '소○자' 라고 합니다. 다른 말로 소유주, 소유인이라고도 합니다.

138

가 · 로 · 열 · 쇠

◆어떤 것의 수효나 양 등이 끝이 없이 많음을 나타낼 때 '○한' 이라 표현합니다. 〈 '○한' 히 많은 저 별들….〉

세 · 로 · 열 · 쇠

◆이익이 없음을 '○익' 이라고 합니다. 백해○익이란 말도 이 '○익' 을 강조한 사자숙어 입니다.

☒ 쓰기연습 (바르게 따라쓰세요) ☒

利 이로울 리	利	利	利	利	限 한정할 한	限	限	限	限

십자성학습한자퍼즐

139

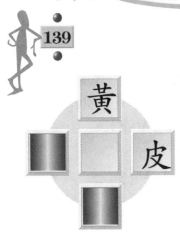

가·로·열·쇠
♦ '황○'는 황소와 같은 뜻으로 털빛이 누르고 큰 숫소를 말합니다. 가끔 사람에게도 비유한 말로 '황○'처럼 기운이 세다 등의 말로 쓰이기도 합니다.

세·로·열·쇠
♦소의 가죽을 '○피'라고 합니다. 그것은 가죽옷이나 구두 등의 재료로도 쓰이고 북이나 장구 등을 만들 때도 쓰인다고 합니다.

140

가·로·열·쇠
♦나무로 말의 모양을 만들어 그것을 조각이나 오락기구로 하는 것을 '목○'라고 합니다.

세·로·열·쇠
♦소나 말이 끄는 수레를 '우○차'라고 합니다. 지금은 잘 볼 수 없지만 이따금 곡마단 등에서 볼 수 있다고 합니다.

❌ 쓰기연습(바르게 따라쓰세요) ❌

皮 가죽 피	皮	皮	皮	皮	牛 소 우	牛	牛	牛	牛

십자성학습한자퍼즐

141

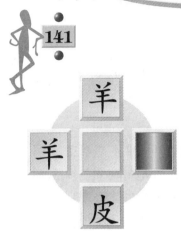

가·로·열·쇠

♦ '양○'는 양의 털로써 주로 모직물(옷감) 등의 원료로 쓰입니다. '양○'로 만든 옷은 비쌉니다.

세·로·열·쇠

♦ '양○피'는 양의 털과 가죽을 말합니다. '양○피' 역시 옷을 만드는 재료로 주로 쓰입니다. 우리 엄마도 '양○피'의 코트가 있습니다.

142

가·로·열·쇠

♦아시아의 여러 나라를 이르는 말로 '동○'이라고 합니다. '동○'의 반대 지역은 서양입니다.

세·로·열·쇠

♦유행이나 경기 또는 음식·복장 등 서양에서 하는 방식 등을 '서○식'이라고 합니다. 궁도도 '서○식'이 도입되어 양궁이라고 합니다.

▨ 쓰기연습(바르게 따라쓰세요) ▨

羊 양 양	羊	羊	羊	羊	東 동녘 동	東	東	東	東

십자성학습한자퍼즐

143

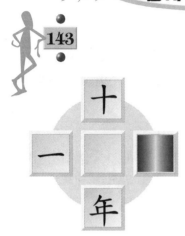

가·로·열·쇠

♦ '일○' 란 한 바퀴를 도는 것을 말합니다. 세계 '일○' 를 한다할 때 이 한자를 씁니다.

세·로·열·쇠

♦ 주년(周年)이란 한 해를 단위로 하여 돌아오는 그 날을 주년이라 하는데 10년 째 맞는 것을 '십○년' 이라고 합니다. 우리 고모의 결혼 '십○년' 기념이 오늘 이래요.

144

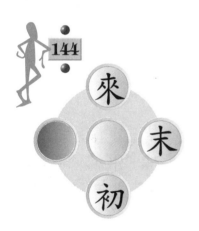

가·로·열·쇠

♦ '○말' 은 이번 주의 끝날을 말합니다. '○말' 은 토요일을 말하기도 합니다. 이번 '○말' 에는 우리 식구 모두가 놀이 공원에 가기로 하였습니다.

세·로·열·쇠

♦ '내○초' 는 다음 주의 시작되는 날을 말합니다. 우리 학교는 '내○초' 부터 시험을 본다고 선생님께서 발표하셨습니다.

❈ 쓰기연습(바르게 따라쓰세요) ❈

十 열 십	十	十	十	十	來 올 래	來	來	來	來

십자성학습한자퍼즐

145

가·로·열·쇠
♦ 상반신은 사람, 하반신은 물고기와 같다는 상상의 동물을 '인○'라고 합니다. 나도 인어공주란 동화책을 읽은 적이 있습니다.

세·로·열·쇠
♦ 물고기를 인공적으로 알을 까게 하여 그 새끼를 큰 물고기로 길러내는 곳을 '양○장'이라고 합니다. 우리는 '양○장'을 견학한 적이 있습니다.

146

가·로·열·쇠
♦ 어촌에서 고기잡이로 살아가는 사람을 '○부'라고 합니다. 고기 자체를 말할 때는 '魚'로 쓰고, 그 고기를 잡는 사람이나 배 기타 기구 등에는 '漁'로 씁니다.

세·로·열·쇠
♦ 농촌과 어촌을 말하는 것인데 농사를 짓거나 고기잡이를 해서 살아가는 사람들의 마을을 '농○촌'이라고 합니다. 일하는 사람을 농촌에서는 농부, 어촌에서는 어부라고 부릅니다.

☒ 쓰기연습(바르게 따라쓰세요) ☒

場 마당 장	場	場	場	場	村 시골 촌	村	村	村	村

십자성학습한자퍼즐

147

가·로·열·쇠

◆오리과로 빛깔이 희고 부리는 노란색, 다리는 검은 색인 '백○'는 떼지어 해안이나 연못에서 물고기 등을 잡아 먹고 사는 물새입니다. 그 '백○'를 고니라고도 합니다.

세·로·열·쇠

◆물고기와 새의 종류를 통틀어서 '어○류'라고 합니다. 그런데 새의 종류만을 말할 때 '조류' 라고 합니다.

148

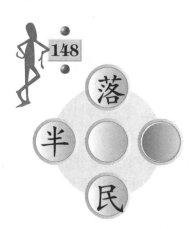

가·로·열·쇠

◆한 면만 육지에 닿아 있고 삼면이 바다로 둘러싸인 땅은 '반○' 라고 합니다. 삼천리 '반○' 금수강산. 바로 우리나라도 '반○' 입니다.

세·로·열·쇠

◆육지에서 멀리 떨어진 섬을 '낙도' 라고 합니다. 그 낙도에서 사는 사람들을 '낙○민' 이라고 표현 합니다.

▨ 쓰기연습(바르게 따라쓰세요) ▨

魚 물고기 어	魚	魚	魚	魚	半 절반 반	半	半	半	半

십자성학습한자퍼즐

149

가·로·열·쇠

◆ 어떤 모임이나 단체에 참여하는 것을 참가라고 합니다. 그곳에 참가한 사람을 '참○인' 이라고 하며 그 수를 참가인원이라고 합니다.

세·로·열·쇠

◆ 어떤 물건 등의 양을 나중에 더 추가하여 보태는 것을 '추○량' 이라고 합니다.

150

가·로·열·쇠

◆ '증○량' 이란 어떤 물건 등의 양이 늘었거나 줄었을 때에 전체적인 표현으로 '증○량' 이라 합니다.

세·로·열·쇠

◆ '가○액' 이란 돈에 있어 더하고 빼고 하는 액수를 말하는데 모든 수입을 더하고 모든 지출을 더해서 그 총수입에서 총지출을 뺀 나머지 금액을 말하기도 합니다.

✖ 쓰기연습 (바르게 따라쓰세요) ✖

人 사람 인	人	人	人	人	加 더할 가	加	加	加	加

십자성학습한자퍼즐

151

가·로·열·쇠
◆ 태백산에서 흘러 나와 경상남북도를 지나 남해로 흘러들어가는 강을 '낙○강' 이라 합니다. 그 길이는 525,15km나 됩니다.

세·로·열·쇠
◆ '북○풍' 은 동북풍이라고 불러도 되는데 북동쪽에서 부는 바람을 '북○풍' 이라고 합니다.

152

가·로·열·쇠
◆ '대○양' 은 유럽과 아프리카 및 아메리카 대륙 사이에 있는 큰 바다를 말합니다.

세·로·열·쇠
◆ 동양과 서양을 함께 부르는 이름으로 '동 ○양' 이라고 합니다. 말의 본디 뜻은 동양 의 큰 바다와 서양의 큰 바다란 뜻이지만 그 바다의 영향을 받는 땅이란 뜻에서 그 곳 나라들을 말합니다.

▨ 쓰기연습(바르게 따라쓰세요) ▨

江 강 강	江	江	江	江	大 큰 대	大	大	大	大

십자성학습한자퍼즐

153

가·로·열·쇠

◆우리나라 서울에서 '강○북' 이라 함은 한 강의 남쪽과 북쪽의 지역을 통틀어 이르는 말입니다.

세·로·열·쇠

◆동남아시아를 준말로 해서 '동○아' 라고 합니다. 이말은 아시아의 동쪽에서 남쪽에 이르는 땅을 말합니다.

154

가·로·열·쇠

◆동북쪽의 방향을 '동○방' 이라고도 합니다. 동북쪽이라 함은 동쪽과 북쪽 사이의 방향을 말합니다.

세·로·열·쇠

◆ '남○한' 은 남한과 북한을 함께 부르는 것으로 남한은 민주주의인데 북한은 아직도 공산주의입니다. 그래서 서로 적으로 생각하고 있습니다.

⊠ 쓰기연습(바르게 따라쓰세요) ⊠

東 동녘 동	東	東	東	東	方 방향 방	方	方	方	方

155

가·로·열·쇠

♦ '전○' 이란 이달을 기준으로 '전달' 을 한 자어로 표현한 것입니다. 이 '전○' 을 다른 말로 지난 달 또는 전달이라고도 합니다.

세·로·열·쇠

♦ 적과 싸울 때나 휴전 상태에 있을때 맨 앞의 싸움터나 휴전선에 맞닿은 곳을 '최○선' 이라고 합니다.

156

가·로·열·쇠

♦ 독서 감상문을 '독○감' 이라고 합니다. '독○감' 은 책이나 글 등을 읽고 난 후 그 글의 느낌이나 감상을 적은 글입니다.

세·로·열·쇠

♦ '전○방' 이란 원래 앞과 뒤의 방향이지만 특히 우리나라에서는 남북이 대립한 상태로 휴전선 가까이를 전방, 휴전선과 멀리 떨어진 곳을 후방이라고 하여 함께 부를 때 '전○방' 이라고 합니다.

▨ 쓰기연습(바르게 따라쓰세요) ▨

月 달 월	月	月	月	月	前 앞 전	前	前	前	前

십자성학습한자퍼즐

157

가·로·열·쇠
♦ 'O향' 이란 말은 왼쪽 방향을 가리키는 말입니다.

세·로·열·쇠
♦ 'O우' 는 왼쪽과 오른쪽을 함께 이르는 말입니다. 그런데 때로는 무엇이 무엇을 좌우한다는 등으로 표현되기도 합니다.

158

가·로·열·쇠
♦어떤 선의 왼쪽과 오른쪽을 '좌O선' 이라고 합니다. 고무줄 놀이 할 때도 측면에서 보면 왼쪽과 오른쪽에서 줄을 팽팽히 하여 놀이를 합니다.

세·로·열·쇠
♦ '좌O향' 은 좌향(왼쪽), 우향(오른쪽)을 함께 부르는 말입니다. 나란히 달리던 차가 갈라진 길에서 '좌O향' 으로 방향을 다르게 달리기 시작하였습니다.

✕ 쓰기연습(바르게 따라쓰세요) ✕

右 오른쪽 우	右	右	右	右	左 왼쪽 좌	左	左	左	左

십자성학습한자퍼즐

159

女
最 □ 級
生

가·로·열·쇠

♦ 어떤 품질이나 수준 등이 가장 (최고) 높은 것을 '최○급' 이라고 합니다. 무엇이든지 '최○급' 만을 갖고 있는 애들이 공부도 최고로 잘한다는 법이 없습니다.

세·로·열·쇠

♦ 우리 언니도 내년엔 '여○생' 이 된다고 벌써부터 으시댑니다. 여자고등학교 학생이 되면 '여○생' 교복을 입고 나를 얼마나 괴롭힐지 걱정됩니다.

160

高
最 ○ 價
價

가·로·열·쇠

♦ 어떤 물건 등의 가격이 가장 싼 가격을 '최○가' 라고 합니다. 백화점에서 쎄일할 때 '최○가' 라고 선전합니다.

세·로·열·쇠

♦ 어떤 물건 등의 가격에서 최고 비싼 가격과 최고 싼 가격을 함께 이르는 말로 '고○가' 라고 합니다.

🪬 쓰기연습 (바르게 따라쓰세요) 🪬

女 계집 여	女	女	女	女	高 높을 고	高	高	高	高

십자성학습한자퍼즐

161

가·로·열·쇠
♦ 오랜 기간을 장기(長期)라고 합니다. 그런데 긴 기간들 중 가장 긴 기간을 '최○기'라고 합니다.

세·로·열·쇠
♦ 멀리 감, 또는 멀리 정복하러 감을 장정이라고 하는데 이 장정의 규모를 크게 하거나 그 말을 강조할 때 '대○정'에 올랐다고 합니다.

162

가·로·열·쇠
♦ 짧은 기간을 단기(短期)라고 합니다. 최고 짧은 기간은 '최○기'라고 말합니다.

세·로·열·쇠
♦ 장점과 단점을 통틀어 말할 때 '장○점'이라고 합니다. 나의 성격에 있어 '장○점'을 생각해 보았습니다. 너무 수줍어 하는 것이 나의 단점 중에 하나라고 생각합니다.

✕ 쓰기연습(바르게 따라쓰세요) ✕

大 큰 대	大	大	大	大	長 길 장	長	長	長	長

십자성학습한자퍼즐

163

가·로·열·쇠
♦ 의존하는 정도, 의지하고 있는 정도를 '의○도' 라고 합니다. 우리나라는 아직도 미국에 '의○도' 가 크다고 합니다.

세·로·열·쇠
♦ 남에게 굽히지 않고 스스로의 긍지를 높이려는 마음은 '자○심' 이라고 합니다. '자○심' 이 심하게 상하면 나는 울어버립니다.

164

가·로·열·쇠
♦ 이제, 지금을 '현○' 라고 합니다. '현○' 저는 초등학교 5학년입니다. 그리고 11살 애띤 소녀랍니다.

세·로·열·쇠
♦ 어떤 건물이나 집 등이 자리잡고 있는 곳을 '소○지' 라고 합니다. 서울 시청 소재지는 서울입니다.

▩ 쓰기연습(바르게 따라쓰세요) ▩

自 스스로 자	自	自	自	自	所 바 소	所	所	所	所

십자성학습한자퍼즐

165

가·로·열·쇠

◆ '○문'은 매일 매일, 또는 주간 등으로 세상에서 일어나는 새로운 소식들이나 지식 등을 알려 주기위해 정기적으로 박아 내는 인쇄물입니다.

세·로·열·쇠

◆구식이 아닌 현대에 가장 새로운 방법이나 형식 등을 '최○식'이라고 표현합니다. '최○식' 유행을 우리는 따라하길 좋아합니다.

166

가·로·열·쇠

◆ '○우'는 가까운 벗이나 친한 벗을 말합니다. '○우' 끼리는 서로 사이가 좋아야 하며 서로 도와 주어야 합니다.

세·로·열·쇠

◆종친끼리 일정한 곳에 모여서 종친의 관심있는 일을 논의하기 위한 모임을 '종○회'라고 합니다. 저는 '종○회'가 무엇인지 몰랐지만 아빠를 따라가 보니 모두 일가친척이었고 어른들이 많이 계셨습니다.

✗ 쓰기연습(바르게 따라쓰세요) ✗

式 법 식	式	式	式	式	宗 마루 종	宗	宗	宗	宗

십자성학습한자퍼즐

167

가·로·열·쇠

◆세상에 이름이 날만큼 유명한 탓으로 당하는 곤욕스러움이나 불편 등을 일러 '유○세'라고 합니다.

세·로·열·쇠

◆'인○록'은 어떤 일을 특별히 기념하기 위하여 남의 이름을 기록해 두는 책으로 방명록도 일종의 '인○록'이라고 할 수 있습니다.

168

가·로·열·쇠

◆각각의 자신을 '○자'라고 표현합니다. '○자'를 제각기라고도 합니다. 이 일은 '○자'가 책임져야 합니다.

세·로·열·쇠

◆'○국'은 각각의 나라, 또는 여러나라를 말하는 것입니다. '○국' 선수들은 정정당당히 스포츠 정신을 지킬 것을 개회식에서 다짐했습니다.

▨ 쓰기연습(바르게 따라쓰세요) ▨

有 있을 유	有	有	有	有	國 나라 국	國	國	國	國

십자성학습한자퍼즐

169

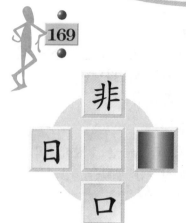

가·로·열·쇠

◆날마다 또는 평소를 '일○' 이라고 하는데 나는 '일○' 생활에서 부지런할려고 노력합니다.

세·로·열·쇠

◆화재 또는 급한 사고 등이 생겼을 때 급히 피할 수 있도록 만든 출입구를 '비○구' 라고 합니다.

170

가·로·열·쇠

◆대회(콘테스트) 등에서 최우수자에게 주는 상으로 '대○' 이라고 합니다. 일명 '그랑프리' 라고도 합니다.

세·로·열·쇠

◆어떤 대회나 시험 등에서 크고 작은 상을 받는 모두를 '입○자' 라고 합니다. 이번 미술 대회에서 나도 입상했습니다.

❌ 쓰기연습(바르게 따라쓰세요) ❌

非 아닐 비	非	非	非	非	大 큰 대	大	大	大	大

십자성학습한자퍼즐

171

가·로·열·쇠

◆형편이나 이치에 마땅하고 온당함을 '타당하다' 고 표현합니다. 타당한 성질 등을 곧 '타○성' 이라고 합니다.

세·로·열·쇠

◆어떤 일에 바르고 옳음을 정당하다고 표현합니다. 이 정당한 성질을 '정○성' 이라고 말합니다.

172

가·로·열·쇠

◆천주교의 교회당을 '성○' 이라고 합니다. 천주교를 카톨릭이라고 표현하여 카톨릭 '성○' 이라고도 합니다.

세·로·열·쇠

◆식사를 할 수 있도록 설비되어 있는 방, 또는 음식을 파는 집을 '식○' 이라고 부릅니다. 나도 오빠와 같이 '식○' 에서 밥을 사 먹을 때도 있습니다.

🔯 쓰기연습(바르게 따라쓰세요) 🔯

性 성품 성	性	性	性	性	食 먹을 식	食	食	食	食

십자성학습한자퍼즐

173

가·로·열·쇠
♦ '박○'는 일정한 학술을 연구하여 쓴 논문을 심사받은 후 통과하여 수여 받는 가장 높은 학위를 말합니다.

세·로·열·쇠
♦ 신사로서 마땅히 지켜야 할 도리를 '신○도' 라고 하는데 신사답게 행동하는 것도 '신○도' 라고 합니다.

174

가·로·열·쇠
♦ 남을 위해 애쓰고 노력하는 것을 봉사라고 하는데 봉사를 하기 위해 모인 단체나 그 모임을 '봉○단' 이라고 합니다.

세·로·열·쇠
♦ 봉사하는 사람을 '봉○자' 라고 합니다. 우리도 학교에서 '가장 소년·소녀 돕기' 의 봉사활동을 한 적이 있습니다. 그 때 저도 '봉○자' 였습니다.

▨ 쓰기연습(바르게 따라쓰세요) ▨

道 길 도	道	道	道	道	者 놈 자	者	者	者	者

십자성학습한자퍼즐

175

가·로·열·쇠
♦사람이 이 세상을 살아가는 동안의 존재 의미 등을 생각하는 것을 '인○관' 이라고 합니다.

세·로·열·쇠
♦학교에서 정한 교복, 또는 그 학교 학생들이 입는 옷이나 교복을 '학○복' 이라고 합니다.

176

가·로·열·쇠
♦이집트의 신화에 나오는 피닉스를 이르는 말로 죽지 않는 새를 '불○조' 라고 하는데 죽을 고비를 견디어 내는 사람을 그렇게 부르기도 합니다.

세·로·열·쇠
♦어떠한 곤란을 당하여도 죽지 않고 견디어 살아남는 사람을 '불○신' 이라고 합니다.

✂ 쓰기연습(바르게 따라쓰세요) ✂

學 배울 학	學	學	學	學	身 몸 신	身	身	身	身

십자성학습한자퍼즐

177

가·로·열·쇠
♦ 어떤 일에 있어 증거로 삼거나 검정을 하려고 그 현장에 가서 지켜보는 것을 '입○인' 이라고 합니다.

세·로·열·쇠
♦ '도○지' 는 사람이 많고 문화적 시설 등이 많이 있는 번잡한 도시를 말합니다. '도○지' 는 도시와 같은 뜻입니다.

178

가·로·열·쇠
♦ 회사의 대표자 또는 회사의 우두머리를 '○장' 이라고 합니다. 우리 아빠 회사에도 '○장' 님이 계십니다.

세·로·열·쇠
♦ 어떤 회사에 근무하고 있는 사람을 '회○원' 이라고 하는데 그 말을 줄여 사원(社員)이라고도 합니다.

✖ 쓰기연습 (바르게 따라쓰세요) ✖

立 설 립	立	立	立	立	長 길 장	長	長	長	長

십자성학습한자퍼즐

179

가·로·열·쇠

♦ '사(寺)'는 산에 있는 절을 말합니다. 대개 절은 산에 있어 '산○'를 곧 절이라 생각해도 될 것 같습니다.

세·로·열·쇠

♦절에 있는 탑들을 '○탑'이라고 합니다. '○탑'은 돌로 만든 석탑, 나무로 만든 목탑 등이 있습니다.

180

가·로·열·쇠

♦어떤 것의 상태를 그대로 지니어 감을 유지(維持)한다고 말합니다. 그것을 유지하는데 드는 비용을 '유○비'라고 합니다.

세·로·열·쇠

♦무엇을 가지고 있음을 소지(所持)라고 합니다. 또 그것을 가지고 있는 사람을 '소○자'라고 합니다.

✕ 쓰기연습(바르게 따라쓰세요) ✕

山 뫼 산	山	山	山	山	所 바 소	所	所	所	所

십자성학습한자퍼즐

181

가·로·열·쇠

◆옛날 지체 높은 사람 가까이에 있으면서 시중을 들던 여자를 '○녀' 라고 합니다.

세·로·열·쇠

◆고려시대 · 조선시대 때 임금의 시중을 들던 내시부의 벼슬아치를 '내○' 라고 합니다.

182

가·로·열·쇠

◆손님을 접대하는 데 드는 비용을 '접○비' 라고 합니다. 우리 아빠는 지나친 '접○비' 는 낭비라고 하셨습니다.

세·로·열·쇠

◆어떤 모임에 초대하는 내용의 뜻을 적은 편지 형식의 초청장을 '초○장' 이라고 합니다. 초청장과 같은 말입니다.

✖ 쓰기연습 (바르게 따라쓰세요) ✖

女 계집 녀	女	女	女	女	招 부를 초	招	招	招	招

십자성학습한자퍼즐

183

가·로·열·쇠

♦ '매○간' 이란 한 시간 한 시간, 또는 한 시간마다의 뜻입니다. 학교에서 우리들은 '매○간' 마다 시간표에 따라 과목을 바꾸어 가며 공부합니다.

세·로·열·쇠

♦ 비행기가 고장이나 연료부족으로 목적지에 이르기 전에 비상착륙하는 일을 '불○착' 이라고 합니다.

184

가·로·열·쇠

♦ 시를 전문으로 짓는 사람을 '○인' 이라고 합니다. 나도 가을이 되면 왠지 '○인' 같이 감상적이 되곤 합니다.

세·로·열·쇠

♦ 어린이의 심정과 감정을 나타낸 시를 동시라고 합니다. 그 동시들을 한 곳에 모아 엮은 책을 '동○집' 이라고 합니다.

▒ 쓰기연습(바르게 따라쓰세요) ▒

間 사이 간	間	間	間	間	童 아이 동	童	童	童	童

십자성학습한자퍼즐

185

가·로·열·쇠
♦일정한 날짜의 기한을 정한 것으로 언제부터 언제까지의 사이를 '기○' 이라고 합니다. 나는 방학 '기○' 에 시골 외가에 가기로 했습니다.

세·로·열·쇠
♦일정한 시간을 계획대로 나누어 정해 놓은 표를 '시○표' 라고 합니다. 우리는 학교에서 '시○표' 에 맞추어 공부를 합니다.

186

가·로·열·쇠
♦간략하며 복잡하지 않은 단순함을 '○단' 하다고 표현합니다. 오늘 숙제는 '○단' 한 문제로 쉬운 편이었습니다.

세·로·열·쇠
♦편지 글, 또는 편지처럼 쓰는 글을 '서○문' 이라고 합니다. '서○문' 을 잘 쓰려면 엽서나 편지를 자주 쓰면 된다고 합니다.

✖ 쓰기연습(바르게 따라쓰세요) ✖

時 때 시	時	時	時	時	文 글월 문	文	文	文	文

십자성학습한자퍼즐

187

가·로·열·쇠
♦ 제 몸, 저, 스스로, 자신 등의 말을 '자○' 라고 표현합니다. '자○' 의 반대말은 타 인 또는 남입니다.

세·로·열·쇠
♦ 자기의 이익 만을 꾀하거나 자기 이로움 만을 생각하는 마음을 '이○심' 이라고 합 니다. 나는 지나친 '이○심' 으로 친구를 잃을 뻔 했습니다.

188

가·로·열·쇠
♦ 이름을 고치거나 다른 이름으로 바꾸는 것을 '○명' 이라고 합니다. 사람의 이름 은 물론 어떤 물건의 이름이나 품종의 이 름을 바꾸는 것을 '○명' 이라고도 합니 다.

세·로·열·쇠
♦ 품질이나 성능 등을 고치어 좋게 함을 개 량이라고 합니다. 개량했던 것을 또다시 개량함을 '재○량' 이라고 합니다.

✖ 쓰기연습(바르게 따라쓰세요) ✖

自 스스로 자	自	自	自	自	名 이름 명	名	名	名	名

십자성학습한자퍼즐

189

가·로·열·쇠

♦지나간 시절이나 때를 '과○'라고 합니다. '과○'의 반대말은 미래입니다.

세·로·열·쇠

♦법을 어기면서 몰래 무엇을 팔고 사는 것을 '암○래'라고 합니다. 고모하고 극장에 간적인 있었습니다. 모두 줄서서 표를 사려고 하는데 표를 '암○래'하는 사람이 그곳에도 있었습니다.

190

가·로·열·쇠

♦어떤 사실이나 기억 등을 잊어 버리는 것을 '망○'이라고 합니다. 나는 친구와의 약속을 '망○'하고 엄마따라 백화점에 갔습니다.

세·로·열·쇠

♦어떤 음식이나 채소 등을 차게 하거나 식히는 것을 냉각이라고 합니다. 그런 기계를 '냉○기'라고 합니다. '냉○기'는 냉장고에도 있을까요?

✖ 쓰기연습 (바르게 따라쓰세요) ✖

來 올 래	來	來	來	來	忘 잊을 망	忘	忘	忘	忘

십자성학습한자퍼즐

191

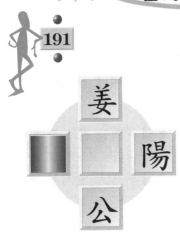

가·로·열·쇠
◆해를 'ㅇ양' 이라고 합니다. 'ㅇ양'은 지구와의 거리가 무려 1억 4천 945만 km나 된다고 합니다. 크기도 지구의 130배나 되고요, 열도 6000°C나 된다고 합니다.

세·로·열·쇠
◆중국 고사에 나온 사람인데 낚시를 유난히 좋아하는 사람을 그 사람에게 비유하여 '강ㅇ공' 이라고 합니다.

192

가·로·열·쇠
◆이름난 개, 또는 혈통이 좋은 개, 유명한 개를 '명' 이라고 합니다. 우리집 뽀삐도 혈통이 있는 '명ㅇ' 입니다.

세·로·열·쇠
◆주인에게 충직한 개 또는 충성스러운 개를 '충ㅇ' 이라고 합니다. '충ㅇ'은 대개 명견입니다. 우리나라 진돗개도 '충ㅇ' 이라고 합니다.

❈ 쓰기연습 (바르게 따라쓰세요) ❈

陽 볕 양	陽	陽	陽	陽	忠 충성 충	忠	忠	忠	忠

십자성학습한자퍼즐

193

가·로·열·쇠

♦ 재수 따위가 좋지 아니하여 걱정이 되는 것을 '불○' 하다고 표현합니다. 저도 공부를 게을리하여 오늘 시험이 있는 날인데 불안하고 '불○' 한 생각이 듭니다.

세·로·열·쇠

♦ 좋은 운수를 '○운' 이라고 합니다. 어른들은 참 이상합니다. 운수가 좋은 '○운' 이 있는 날을 가려 이사도 한답니다.

194

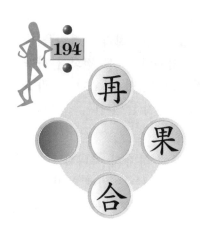

가·로·열·쇠

♦ 어떤 까닭으로 생긴 일의 끝이나 결말의 상태를 '○과' 라고 말합니다. 반대말로는 '원인' 이라고 합니다.

세·로·열·쇠

♦ 다시 결합하는 것을 '재○합' 이라고 합니다. 고모의 친구가 이혼할 뻔 했는데 다행이 '재○합' 하게 되어 기쁘다는 말을 들은 적이 있었습니다.

⊠ 쓰기연습 (바르게 따라쓰세요) ⊠

不 아니 불	不	不	不	不	合 합할 합	合	合	合	合

십자성학습한자퍼즐

195

가·로·열·쇠
♦어떤 일에 하겠다, 안하겠다 등을 마음으로 정하는 것을 '○정' 이라고 합니다.

세·로·열·쇠
♦어떤 일에 단단히 마음을 정하는 것을 결심이라고 하는데 결심했던 것을 또다시 다짐하여 결심하는 것을 '재○심' 이라고 합니다.

196

가·로·열·쇠
♦전화 등의 번호가 없어지거나 빠졌을 때 '○번' 이라고 합니다. 가끔 전화를 하다 보면 "이 번호는 '○번' 이오니…."라고 수화기에서 안내말이 들립니다.

세·로·열·쇠
♦출석해야 할 곳에 나가지 아니함을 '○석' 이라고 합니다. 나는 전번에 감기로 심하게 아파서 학교에 가지 못하고 '○석' 한 적이 있습니다.

▧ 쓰기연습(바르게 따라쓰세요) ▧

心 마음 심	心	心	心	心	席 자리 석	席	席	席	席

십자성학습한자퍼즐

197

가·로·열·쇠

◆소개하는 편지나 문서 등을 '소○장' 이라고 합니다. 엄마는 내 피아노를 살때 잘 아는 분의 '소○장' 을 가지고 백화점에 가 피아노를 골라 주셨습니다.

세·로·열·쇠

◆물건 등을 사고 팔 때 중간에서 중개하는 사람을 '중○인' 이라고 합니다.

198

가·로·열·쇠

◆어떤 일 등을 할 수 있는 범위를 한계라고 하며 그 한계를 마음으로 선을 정하는 것을 '한○선' 이라고 합니다.

세·로·열·쇠

◆온 세계에 알려지거나 온 세상에 영향을 미칠 수 있는 것을 '세○적' 이라고 합니다. 요즈음에는 '세○적' 인 선수들이 우리 나라를 많이 찾아옵니다.

❈ 쓰기연습(바르게 따라쓰세요) ❈

人 사람 인	人	人	人	人	世 세상 세	世	世	世	世

십자성학습한자퍼즐

가·로·열·쇠
♦많고 적은 돈을 합계한 액수를 '합○액' 이라고 합니다. 우리 학급에서 거둔 불우 학우 돕기 성금액의 '합○액'이 총 20만 원이었습니다.

세·로·열·쇠
♦수량이나 값을 내기 위해 셈하여 헤아리는 것을 '○산'이라고 합니다.

가·로·열·쇠
♦어떤 내용 등을 잘 살펴서 검사하는 것을 '검○'라고 합니다. 선생님은 우리들의 숙제를 '검○'하였습니다.

세·로·열·쇠
♦어떤 논의해야 할 문제로 여러 사람이 모여서 의논하는 것을 '○론'이라고 합니다.

☒ 쓰기연습(바르게 따라쓰세요) ☒

合 합할 합	合	合	合	合	論 의논 논	論	論	論	論

십자성학습한자퍼즐

201

가·로·열·쇠

♦ 자기가 태어난 곳이나 나서 자란 곳을 '○향' 이라고 합니다. 우리 아빠 고향은 남쪽이래요.

세·로·열·쇠

♦ 쓸 수 있던 어떤 물건 등이 무엇 하나가 잘못되어 탈이 생기는 것을 '○장' 이 났다고 합니다. 지금 내 게임기도 '○장' 이 났습니다.

202

가·로·열·쇠

♦ 어떤 일에 몹시 괴로워하고 속을 태우는 것을 '○민' 이라고 합니다. 나도 짝궁과 다투고나서 '○민' 많이 했습니다. 우린 너무 친했었거든요.

세·로·열·쇠

♦ 까닭 없이 공연히 하는 고생을 '생○생' 이라고 합니다. 민지는 지난 번 일을 사과하면 친구들이 함께 도와 줄텐데 자존심 때문에 괜히 '생○생' 을 하고 있습니다.

✖ 쓰기연습 (바르게 따라쓰세요) ✖

故 (연고 고)	故	故	故	故	生 (날 생)	生	生	生	生

십자성학습한자퍼즐

203

鳥

兆

가·로·열·쇠
♦사람들에게 어떤 좋은 일이 있을 것을 미리 알려 준다는 새를 '○조'라고 합니다. 까치나 제비 등은 어른들이 '○조'라고 하였습니다.

세·로·열·쇠
♦좋은 일이 있을 조짐을 '○조'라고 합니다. 어른들은 아침에 까치가 울면 좋은 일이 있을 '○조'라고 합니다.

204

申

白

가·로·열·쇠
♦어떤 일을 숨기지 않고 사실대로 솔직히 말하는 것을 '○백'이라고 합니다. 나도 어제 거짓말을 하였다고 엄마한테 솔직히 '○백'하였습니다.

세·로·열·쇠
♦국민이 법률상의 의무로 해당 관청에 일정한 사실을 보고하는 일을 '신○'라고 합니다. 엄마 아빠는 나를 낳고 출생 '신○'를 하셨답니다.

❈ 쓰기연습(바르게 따라쓰세요) ❈

兆 조짐 조	兆	兆	兆	兆	申 납 신	申	申	申	申

십자성학습한자퍼즐

205

가·로·열·쇠
◆손이나 간단한 기구를 가지고 물건을 만들어 내는 공업을 '수○업'이라고 합니다. 대나무 공예품도 일종의 '수○업'이라고 할 수 있습니다.

세·로·열·쇠
◆상업과 공업을 같이 불러 '상○업'이라고 합니다. '상○업'이 발달한 도시들이 우리나라에도 많습니다.

206

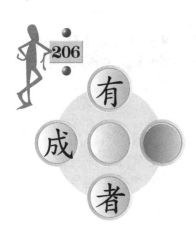

가·로·열·쇠
◆하고자 하는 목적을 이루거나 지위나 부유함을 얻어 흡족해 하는 상태를 '성○'이라고 합니다. '성○'의 반대말을 '실패'입니다.

세·로·열·쇠
◆공로가 있는 사람을 '유○자'라고 하는데 나라에 공로가 큰 '유○자'는 훈장도 받고 표창도 받습니다.

⊠ 쓰기연습(바르게 따라쓰세요) ⊠

手 손 수	手	手	手	手	有 있을 유	有	有	有	有

십자성학습한자퍼즐

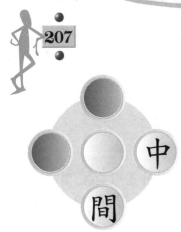

207

가·로·열·쇠

♦하늘과 땅 사이의 빈 공간을 '○중' 이라 고 합니다. '○중' 을 나는 저 비둘기가 참 자유스럽습니다.

세·로·열·쇠

♦비어 있어 아무것도 없는 곳, 또는 무한히 퍼져 있는 장소를 '○간' 이라고 합니다. 엄마는 현관 앞 '○간' 에 화분을 가지런 히 놓았습니다.

208

가·로·열·쇠

♦공부나 어떤 것의 원리 등을 깊이 살피어 사리를 밝히려는 마음을 '탐○심' 이라고 합니다.

세·로·열·쇠

♦어떤 사물이나 학문에 대하여 깊이 생각 하며 조사하여 가면서 공부하는 것을 연 구라고 합니다. 그 연구를 하는 학생을 '연○생' 이라고 합니다.

▨ 쓰기연습(바르게 따라쓰세요) ▨

中 가운데 중	中	中	中	中	心 마음 심	心	心	心	心

십자성학습한자퍼즐

209

가·로·열·쇠

◆여러 사람들이 힘을 합하여 어떤 일들을 함께 하는 것을 '○동' 이라고 합니다. 비슷한 말로는 협동, 반대말로는 단독입니다.

세·로·열·쇠

◆공산주의에 반대하거나 공산주의에 투쟁함을 '반○' 이라고 합니다. 우리나라는 '반○' 주의의 나라입니다.

210

가·로·열·쇠

◆어떤 것의 자료 등을 갖다 주는 것이나 보내어 이바지함을 '제○' 한다 말합니다. 초등학교에서는 급식을 우리들에게 제공해 줍니다.

세·로·열·쇠

◆필요에 따라 물품 등을 대어주는 것을 공급이라고 합니다. 그것에 이어서 또다시 공급해 주는 것을 '재○급' 이라고 합니다.

☒ 쓰기연습(바르게 따라쓰세요) ☒

同 한가지 동	同	同	同	同	再 다시 재	再	再	再	再

십자성학습한자퍼즐

211

가·로·열·쇠

♦주로 과일을 깎을 때 쓰는 칼을 '○도' 라고 합니다. 우리집도 과일을 깎는 '○도' 가 두 개나 있습니다.

세·로·열·쇠

♦어떤 원인으로 말미암아 생긴 결말의 상태를 결과라고 합니다. 그 결과의 말이나 이야기를 곧, '결○론' 이라고 합니다.

212

가·로·열·쇠

♦ '일○표' 는 그날그날 할 일 등을 적은 표입니다. 나도 학교에서는 시간표대로 공부하고 집에 와서는 '일○표' 를 정하여 놀기도 하고 공부하기도 합니다.

세·로·열·쇠

♦나라나 공공단체에 내는 세금이나 조합비 등을 '공○금' 이라고 합니다. 우리집에서 내는 전기세도 '공○금' 이라고 합니다.

▨ 쓰기연습(바르게 따라쓰세요) ▨

刀 칼 도	刀	刀	刀	刀	公 함께 공	公	公	公	公

십자성학습한자퍼즐

213

가·로·열·쇠
♦각종 교과서의 구분을 'O목' 이라고 합니다. 오늘은 수학 'O목' 의 수업이 없고 미술 'O목' 의 수업이 있는 날이어서 준비물이 많습니다.

세·로·열·쇠
♦각급 학교에서 학생들을 가르치는 데 쓰는 책을 '교O서' 라고 합니다. 나는 시간표를 보고 과목별 '교O서' 를 준비합니다.

가·로·열·쇠
♦어떤 것을 사거나 사용 또는 이용할 때 지불하는 돈을 'O금' 이라고 합니다. 우리들의 버스 'O금' 은 어른들의 절반 'O금' 입니다.

세·로·열·쇠
♦음식을 만들 때 쓰이는 재료를 '식O품' 이라고 합니다. 또 이것들을 파는 가게를 '식O품' 가게라고 합니다. '식O품' 의 비슷한 말로 식품이라고 합니다.

🪶 쓰기연습(바르게 따라쓰세요) 🪶

目 눈 목	目	目	目	目	食 먹을 식	食	食	食	食

십자성학습한자퍼즐

215

가·로·열·쇠

◆사귀는 친구를 '○우' 라고 합니다. 같은 학교의 친구를 교우(校友)라고 하는데 그 것을 포함한 것이 '○우' 입니다.

세·로·열·쇠

◆외국과의 교제나 교섭을 하면서, 나라를 위해 일하는 공무원을 '외○관' 이라고 합 니다. 나의 꿈도 '외○관' 입니다.

216

가·로·열·쇠

◆학교에 가는 것을 '등○' 라고 합니다. 나 는 '등○' 길에 수민이를 만나 같이 학교 에 왔습니다.

세·로·열·쇠

◆학교의 모든 업무를 감독하고 내외적으로 학교를 대표하는 분을 '학○장' 이라고 합 니다. 곧, 교장선생님을 '학○장' 이라고 합니다.

▨ 쓰기연습(바르게 따라쓰세요) ▨

友 벗 우	友	友	友	友	長 긴 장	長	長	長	長

십자성학습한자퍼즐

217

가·로·열·쇠
◆누가 무엇을 달라고 청하는 것을 '요○'라고 합니다. 어린이들은 엄마 아빠께 '요○' 사항이 많습니다.

세·로·열·쇠
◆어떤 일에 또는 어떤 직장에서 사람을 구하는 것을 구인이라고 합니다. 그런데 급하게 구하려는 것을 '급○인' 이라고 합니다.

218

가·로·열·쇠
◆어떤 위급한 상태에서 구해 내는 것을 '○출' 이라고 합니다. 폭풍우로 섬에 갇힌 우리들을 119아저씨들이 구출해 주셨습니다.

세·로·열·쇠
◆위급한 상태에 있는 사람이나 어려운 사람을 구원하고 도와주는 것을 '○조' 라고 합니다. 119 '○조' 대 아저씨들은 사고로 땅에 묻혀 있는 사람도 '○조' 하신다고 합니다.

▨ 쓰기연습(바르게 따라쓰세요) ▨

人	人	人	人	人	出	出	出	出	出
사람 인					날 출				

십자성학습한자퍼즐

219

가·로·열·쇠
♦우리나라 사람, 또는 한국 사람을 일러 '한○인' 이라고 합니다. 나도 우리나라 국민 중 한 사람이니까 '한○인' 입니다.

세·로·열·쇠
♦나라를 사랑하는 마음이 강한 사람, 또는 나라를 위해 싸운 사람을 '애○자' 라고 합니다.

220

가·로·열·쇠
♦도시에 사는 사람, 또는 어떤 시에서 살고 있는 사람을 '시○' 이라고 합니다. 서울 '시○' 들은 너무 많고 너무 복잡하게 살아갑니다.

세·로·열·쇠
♦한반도와 만주 일대 등에 사는 우리 민족을 '한○족' 이라고 합니다. 아빠께선 우리 '한○족' 은 어려울 때 일수록 힘이 하나로 뭉쳐지는 강한 민족이라고 말씀하여 주셨습니다.

✖ 쓰기연습 (바르게 따라쓰세요) ✖

愛 사랑 애	愛	愛	愛	愛	市 시장 시	市	市	市	市

십자성학습한자퍼즐

221

가·로·열·쇠

◆임금님이나 왕을 '○왕' 이라고 합니다.
철민이는 제가 뭐 잘났다고 우리들에게
'○왕' 처럼 굴려고 합니다.

세·로·열·쇠

◆동양화에서 매화·난초·국화·대나무를
그 아름다움이 고결한 군자와 같다하여
'사○자' 라 말하고 그것이 들어 있는 그
림도 '사○자' 라고 합니다.

222

가·로·열·쇠

◆지방의 한 군청의 우두머리를 '○수' 라고
부릅니다. '○수' 님을 옛날에는 영감님이
라고 했던 것이 사실인가요?

세·로·열·쇠

◆시와 군과 면을 '시○면' 이라고 합니다.
지방의 도(道)에 딸린 행정상 지역이 '시
○면' 으로 나뉘어 있습니다.

✖ 쓰기연습(바르게 따라쓰세요) ✖

王 임금 왕	王	王	王	王	守 지킬 수	守	守	守	守

223

가·로·열·쇠
◆어떤 양이 세 근의 무게 되는 양을 기록할 때 '삼○량' 이라고 표기합니다.

세·로·열·쇠
◆물건이나 고기 등의 무게가 두근 반을 '이○반' 이라고 씁니다. 우리집에서 가끔 고기를 해 먹을 때 '이○반' 이상이 되어야 합니다.

224

가·로·열·쇠
◆근방이나 부근 등과 뜻이 같은 '○처' 역시 가까운 곳을 말합니다. 나는 이 '○처' 까지 왔다 되돌아 간 적이 있습니다.

세·로·열·쇠
◆가까운 곳을 근방이라고 합니다. 그런데 강조하여 가장 최고로 가까운 곳을 '최○방' 이라고 표현하기도 합니다.

⊠ 쓰기연습 (바르게 따라쓰세요) ⊠

半 절반 반	半	半	半	半	方 방향 방	方	方	方	方

십자성학습한자퍼즐

225

가·로·열·쇠
♦어떤 일을 할 수 있는 범위 등을 '○계' 라
고 합니다. 나는 더 이상 못하겠어 나의
'○계' 는 여기까지야.

세·로·열·쇠
♦끝이 없이 넓거나 큼을 '무○대' 라고 표
현합니다. 바다는 '무○대' 로 넓습니다.
하늘 역시 '무○대' 로 넓고 높습니다.

226

가·로·열·쇠
♦어떤 것의 증거가 될만한 근본이나 어떤
행동을 하는 데 바탕이 되는 토대를 '○
거' 라고 말합니다. "너 어떤 '○거' 로 그
런 말을 하니?" 하고 따지기도 합니다.

세·로·열·쇠
♦사물 등이 생겨나는 데 바탕이 되는 것을
'○본' 이라고 합니다. 그리고 또 어떤 사
람의 자라 온 환경이나 경력·가문 등을
'○본' 이라고 쓰이기도 합니다.

🔳 쓰기연습(바르게 따라쓰세요) 🔳

大 큰 대	大	大	大	大	本 근본 본	本	本	本	本

십자성학습한자퍼즐

227

가·로·열·쇠

♦ 옛날 선비들의 시험을 '과거' 라고 하였는데 그 과거에 합격하는 것을 '○제' 라고 하였다고 합니다.

세·로·열·쇠

♦ 될 수 있는 한, 가능한, 될 수 있는 대로라는 말을 '가○적' 이라고 표현합니다. "수빈아 '가○적' 와야 해. 응? 너 없으면 재미없단 말이야"

228

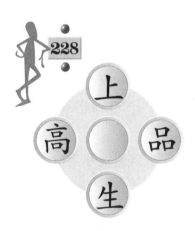

가·로·열·쇠

♦ 값이 비싸고 품질이 좋은 물건 등을 '고○품' 이라고 합니다. 나의 신발 만큼은 '고○품' 입니다.

세·로·열·쇠

♦ 학년이 높은 학생, 또는 나보다 학년이 높은 형·언니들을 '상○생' 이라고 합니다. '상○생' 인 지영이 언니는 나보다 키가 작습니다.

✕ 쓰기연습 (바르게 따라쓰세요) ✕

可 가할 가	可	可	可	可	上 윗 상	上	上	上	上

십자성학습한자퍼즐

229

가·로·열·쇠

◆자리에 같이 앉는 것을 '○석' 이라고 합니다. 짝궁은 교실에서 나와 '○석' 합니다.

세·로·열·쇠

◆합격을 축하한다는 말로 선물할 때 포장 또는 봉투 등에 '축○격' 이라고 써서 축하해 주기도 합니다.

230

가·로·열·쇠

◆학교 등에서 학생에게 음식을 주는 일을 '○식' 이라고 합니다. 우리 학교 '○식' 은 다양합니다. 빵도 나오고 때로는 닭고기도 나옵니다.

세·로·열·쇠

◆필요한 물품 등을 대어주는 것을 공급이라고 합니다. 그리고 공급해 주는 품목 등을 '공○품' 이라고 합니다.

⊠ 쓰기연습(바르게 따라쓰세요) ⊠

祝 빌 축	祝	祝	祝	祝	食 먹을 식	食	食	食	食

십자성학습한자퍼즐

231

가·로·열·쇠
♦ 근심이나 걱정없이 마음이 편안한 것을 '안○' 이라고 합니다. 무공해 식품은 '안○' 하고 먹을 수 있습니다.

세·로·열·쇠
♦ 중심에 있는 선을 '중○선' 이라고 합니다. 어떤 물체의 한 가운데를 지나는 직선도 '중○선' 이라고 합니다.

232

가·로·열·쇠
♦ 〈생활의 필수품〉의 준말로 '생○품' 이라고 합니다. '생○품' 들은 대개 슈퍼에 가면 살 수 있습니다.

세·로·열·쇠
♦ 필요하지 아니함을 '불○요' 라고 표현합니다. 물론 반대말은 필요입니다. 나의 필통에는 '불○요' 한 것들이 없습니다. 다 필요한 것들만 넣고 다니죠.

✖ 쓰기연습(바르게 따라쓰세요) ✖

安 편안 안	安	安	安	安	生 날 생	生	生	生	生

십자성학습한자퍼즐

233

가·로·열·쇠

◆물건 등의 값을 내어 주는 것을 지불이라고 합니다. 그런데 앞에 후(後)자를 붙여 나중에 지불한다는 말로 '후○불' 이라고 합니다.

세·로·열·쇠

◆어떤 목적을 위해 돈을 지불하는 일을 지출이라고 합니다. 그런데 앞에다 선(先)자를 붙여 먼저 지출한다는 말로 '선○출' 이라고 합니다.

234

가·로·열·쇠

◆특별한 기능이나 기술 등 장기가 있는 학생을 '특○생' 이라고 합니다. 나도 컴퓨터 '특○생' 이라고 학교에서 인정받습니다.

세·로·열·쇠

◆과학이나 지혜·지식 등을 생산·가공에 응용하는 것을 기술이라고 합니다. 그런데 앞에 선(先)자를 붙여 앞선 기술이란 뜻으로 '선○술' 이라 합니다.

✖ 쓰기연습(바르게 따라쓰세요) ✖

後 뒤 후	後	後	後	後	先 먼저 선	先	先	先	先

십자성학습한자퍼즐

235

가·로·열·쇠

◆그밖의 또 다른 것을 '○타' 라고 합니다. 학급일지에도 본문제나 본론 이외의 일을 적을 수 있게 〈'○타' 사항〉난이 있습니다.

세·로·열·쇠

◆마침내라는 뜻의 한자어로 '급○야' 라고 표현합니다. '급○야' 두 사람은 화해하게 되었습니다. 오해로 인해 싸웠던 두 친구가….

236

가·로·열·쇠

◆어느 일정한 시기에서 다른 일정한 시기까지의 사이를 '○간' 이라고 합니다. 나는 방학 '○간' 동안 뒤떨어진 수학공부를 집중적으로 할 계획입니다.

세·로·열·쇠

◆정해진 기한이 없을 때 쓰는 말로 '무○한' 이라고 합니다.

☒ 쓰기연습(바르게 따라쓰세요) ☒

他 다를 타	他	他	他	他	間 사이 간	間	間	間	間

십자성학습한자퍼즐

237

가·로·열·쇠
◆오늘 하루 중에 있었던 일이나 감상, 또는 반성한 점을 기록하는 책을 '일○장'이라고 합니다. 선생님께서 '일○장'은 자기 자신의 역사라고 말씀하셨습니다.

세·로·열·쇠
◆지금까지의 기록보다 뛰어난 기록을 '신○록'이라고 합니다. 특히 운동 선수들은 '신○록'을 세울려고 열심히 노력합니다.

238

가·로·열·쇠
◆서양에서 예수가 탄신한 후 4년째 되는 해를 기원 1년으로 하는 것을 서력기원이라 하는데 그것을 준말로 '서○'라고 한답니다.

세·로·열·쇠
◆어떤 일을 기억하여 잊지 않기 위해 기리는 것을 기념이라고 합니다. 그리고 그것을 축하한다는 뜻으로 '축○념'이라고 표현합니다.

▩ 쓰기연습(바르게 따라쓰세요) ▩

日 날 일	日	日	日	日	念 생각 념	念	念	念	念

십자성학습한자퍼즐

239

年
分　□　器
別

가·로·열·쇠
◆각도를 재는 기구를 '분○기' 라고 하는데 이 '분○기' 를 옛날에는 각도기라고 불렀답니다. 지금도 그렇게 부르는 사람도 있습니다.

세·로·열·쇠
◆일년 동안의 기간을 연도(年度)라고 합니다. 이 연도의 여러 연도를 구별하려는 말로 '연○별' 이라고 합니다.

240

參
出　□　簿
者

가·로·열·쇠
◆어떤 모임이나 학생들의 출석 여부를 표시하여 적는 장부를 '출○부' 라고 합니다. 선생님께서는 수업 전에 출석을 확인하기 위해 '출○부' 를 가지고 오십니다.

세·로·열·쇠
◆어떤 모임에 나가는 것을 참석이라고 하는데 그 곳에 참석한 사람들을 '참○자' 라고 합니다. TV토론회에 '참○자' 중 우리 아빠도 있었던 적이 있습니다.

✖ 쓰기연습(바르게 따라쓰세요) ✖

分 나눌 분	分	分	分	分	出 날 출	出	出	出	出

십자성학습한자퍼즐

241

가·로·열·쇠

◆다른 것으로 바꿔 채우거나 남을 대리함을 '○신' 한다고 합니다. 나는 선생님 '○신' 출석을 불렀습니다. 선생님께서 감기에 걸리셨기 때문입니다.

세·로·열·쇠

◆ '반○표' 는 반을 대표하는 반장입니다. 반장은 '반○표' 로서 모든 일에 솔선수범해야 하며 모범이 되어야 합니다.

242

가·로·열·쇠

◆물건 등의 값으로 치르는 돈을 '○금' 이라고 합니다. 엄마는 우유 '○금' 을 주어야 한다며 용돈을 조금 주셨습니다.

세·로·열·쇠

◆일정한 금액을 지불하고 일정한 동안 어떤 것을 쓰기로 한 것을 '○절' 이라고 합니다. 우리 학교에서는 소풍날 스쿨버스가 부족해 다른 버스를 '○절' 하였습니다.

쓰기연습(바르게 따라쓰세요)

身 몸 신	身	身	身	身	切 끊을 절	切	切	切	切

십자성학습한자퍼즐

243

가·로·열·쇠

◆한 나라를 대표하는 사람을 '원○'라고 합니다. 우리나라 국가의 '원○'는 대통령입니다.

세·로·열·쇠

◆한 나라의 중앙 정부가 있는 중심 도시를 '○도'라고 하는데 그 '○도'는 곧 그 나라의 서울을 말합니다.

244

가·로·열·쇠

◆사람이나 차가 다닐 수 있도록 만든 길을 '○로'라고 합니다. '○로'에는 많은 차가 다님으로 교통질서를 잘 지켜야 합니다.

세·로·열·쇠

◆우라나라의 전국 체전에서는 '각○별'로 선수들이 모여 정열하고 대회에 앞서서 식순에 의해 개회를 선언하는 개회식을 합니다.

✖ 쓰기연습(바르게 따라쓰세요) ✖

都 도읍 도	都	都	都	都	各 각 각	各	各	各	各

십자성학습한자퍼즐

245

가·로·열·쇠
◆책을 지은 사람을 저자라고 합니다. 그 저자의 이름을 '저○명' 이라고 합니다. 이솝우화집의 '저○명' 아는지요?

세·로·열·쇠
◆문예작품 등을 지은 사람의 이름을 '작○명' 이라고 합니다. 이솝우화집의 '작○명' 은 누구일까요?

246

가·로·열·쇠
◆옛날 도읍(서울) 둘레의 성곽을 '○성' 이라고 합니다. 적의 침입이 있을 때 '○성' 문을 잠그고 화살을 쏘아 대며 방어했다고 합니다.

세·로·열·쇠
◆이 도시가 아닌 다른 곳의 도시들을 '타○시' 라고 표현합니다. 우리 아빠는 '타○시' 로 출장을 가셨는데 저녁에 전화가 왔습니다.

✗ 쓰기연습(바르게 따라쓰세요) ✗

名 이름 명	名	名	名	名	他 다를 타	他	他	他	他

십자성학습한자퍼즐

247

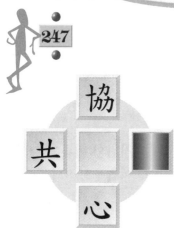

가·로·열·쇠
♦ 두 사람 이상이 어떤 일을 같이 하거나 여러 사람이 힘을 합하여 그 일을 함께 함을 '공○' 으로 무엇을 한다고 표현합니다.

세·로·열·쇠
♦ 서로 마음을 같이 하고 힘을 합치는 것을 '협○심' 이라고 합니다. 우리 반은 다른 반보다 협동심이 강합니다.

248

가·로·열·쇠
♦ 어느 구의 어느 동(洞)에서 사는 사람을 '○민' 이라고 합니다. '○민' 들은 자기 동사무소에서 주민등록등본 등의 서류를 신청할 수 있습니다.

세·로·열·쇠
♦ 동사무소의 우두머리를 '○장' 님이라고 합니다. 우리 동의 '○장' 님은 참 인자하십니다.

▧ 쓰기연습(바르게 따라쓰세요) ▧

心 마음 심	心	心	心	心	民 백성 민	民	民	民	民

십자성학습한자퍼즐

249

가·로·열·쇠

♦봄철을 한자어로 '○계'라고 합니다. 선생님께서는 '○계' 봄방학을 맞아 규칙적인 생활로 건강을 지켜야 한다고 하셨습니다.

세·로·열·쇠

♦대개 13세~17세 가량의 나이로 이성에 관심이 예민해지는 시기를 '사○기'라고 합니다. 나도 '사○기'가 왔나봅니다. 뾰드락지가 났거든요.

250

가·로·열·쇠

♦한여름을 한자어로 '성○'라고 표현합니다. 어떤 편지 글 서두에 "푹푹 지는 찜통 같은 '성○'의 계절…"이라고 쓰여 있었습니다.

세·로·열·쇠

♦봄옷과 여름옷을 함께 부르거나 봄이나 여름에 입는 옷을 '춘○복'이라고 합니다. '춘○복'은 겨울옷보다 가볍고 색깔이 곱습니다.

✕ 쓰기연습(바르게 따라쓰세요) ✕

思 생각 사	思	思	思	思	春 봄 춘	春	春	春	春

십자성학습한자퍼즐

251

가·로·열·쇠
♦ 봄과 가을에 입는 옷을 '춘○복' 이라고 합니다. 봄과 가을은 기온이 거의 같기 때문에 봄옷이 가을옷이 될 수 있어 '춘○복' 은 편리 합니다.

세·로·열·쇠
♦ 한가위 · 추석을 '중○절' 이라고 합니다. 음력 8월 15일 추석인 올 해의 '중○절' 은 다른 해에 비하여 보다 풍요로울 것이라고 합니다.

252

가·로·열·쇠
♦ 뱀이나 개구리 등은 활동을 중지하고 겨울을 땅속에서 쉽니다. 이것을 '○면' 이라고 합니다. 개구리들은 어떻게 땅속에서 '○면' 하며 긴 겨울을 지낼 수 있을까 궁금합니다.

세·로·열·쇠
♦ '추○복' 은 늦은 가을 쌀쌀한 때부터 추운 겨울에 함께 입는 옷입니다. 엄마는 여름 옷을 정리하시고 '추○복' 들을 내어 놓으셨습니다.

▨ 쓰기연습(바르게 따라쓰세요) ▨

服 입을 복	服	服	服	服	秋 가을 추	秋	秋	秋	秋

십자성학습한자퍼즐

253

가·로·열·쇠

♦천리만큼 먼 곳을 볼 수 있다고 하여 '천 ○안' 이라고 하는데 곧, 망원경을 말하기도 합니다. 또, 먼곳의 일까지도 다 꿰뚫어 알고 있음을 '천○안' 이라고도 합니다.

세·로·열·쇠

♦하루에 천리를 달릴 만큼 건강하고 빠른 말을 '천○마' 라고 합니다. 정말로 '천○마' 는 있는 걸까요?

254

가·로·열·쇠

♦까닭을 '○유' 라고 합니다. 저는 나도 모르게 '○유' 없는 반항을 엄마한테 하고 말았습니다. 엄마는 무슨 '○유' 로 그러냐고 하셨습니다.

세·로·열·쇠

♦전문으로 요리 만드는 일에 종사하는 사람을 '요○사' 라고 합니다. '요○사' 는 음식을 맛있게 잘 만듭니다. 내 친구 삼촌이 호텔 주방에서 '요○사' 로 있답니다.

⊠ 쓰기연습(바르게 따라쓰세요) ⊠

千	千	千	千	千	由	由	由	由	由
일천 천					말미암을 유				

십자성학습한자퍼즐

255

가·로·열·쇠

♦ '○유'는 흰 콩을 살짝 삶아서 맷돌 따위에 곱게 갈아 체로 받아 낸 걸죽한 국물을 말합니다. 이 '○유'는 우유 대용으로 마시기도 합니다.

세·로·열·쇠

♦ '○유'는 콩기름을 말합니다. 이 '○유'는 식용유와 같은 용도로 쓰입니다. 튀김도 만들고 고기도 '○유'에 튀겨 익힐 수 있습니다.

256

가·로·열·쇠

♦ 여러 사람의 무리 중 우두머리를 '○목'이라고 합니다. 임꺽정은 의적의 '○목' 또는 두령이라고 합니다.

세·로·열·쇠

♦ 할 말의 첫머리를 '서○'라고 하고 또는 어떤 일이나 차례의 첫머리를 '서○'라고도 합니다.

▧ 쓰기연습(바르게 따라쓰세요) ▧

油 기름 유	油	油	油	油	目 눈 목	目	目	目	目

십자성학습한자퍼즐

257

가·로·열·쇠

◆물음에 대하여 자기 뜻을 말하는 것을 '대○' 이라고 합니다. 선생님의 물음에 '대○' 을 똑똑하게 말씀드려야 합니다.

세·로·열·쇠

◆물음에 답하는 형식을 '문○식' 이라고 합니다. '문○식' 의 시험문제도 있습니다. 주로 주관식 또는 논술문제가 그것입니다.

258

가·로·열·쇠

◆모든 국민이 차별없이 갖는 동등한 권리를 국민의 '평○권' 이라고 합니다. '평○권' 은 우리나라 헌법에도 쓰여 있다고 합니다.

세·로·열·쇠

◆품질 등이 제일 좋은 첫째 등급을 '일○ 품' 이라고 합니다. 또는 시험이나 경기에서 일등한 사람에게 주는 상품도 '일○ 품' 이라고도 합니다. 그것은 "일등상품" 의 준말입니다.

✖ 쓰기연습(바르게 따라쓰세요) ✖

式 법 식	式	式	式	式	平 평평할 평	平	平	平	平

십자성학습한자퍼즐

259

가·로·열·쇠

◆투표 등에서 찬성표를 얻는 것, 또는 그 얻은 표의 수를 '○표'라고 합니다. 우리 반 반장 선거에서 철민이가 과반수의 득표를 얻어 선출되었습니다.

세·로·열·쇠

◆시험이나 경기에서 점수를 얻는 것으로 그 점수를 득점이라고 합니다. 그런데 높은 득점을 '고○점'이라고 합니다.

260

가·로·열·쇠

◆목적을 이루지 못하고 헛일이 된 것을 '○패'라고 합니다. 언젠가 선생님께서 "'○패'는 성공의 어머니다"라고 말씀해 주신적이 있습니다.

세·로·열·쇠

◆얻음과 잃음 또는 이익과 손해를 득실이라고 표현하기도 합니다. 주로 경기에서의 '득○차'라는 것은 득점과 실점의 차이를 말합니다.

✖ 쓰기연습(바르게 따라쓰세요) ✖

高 높을 고	高	高	高	高	敗 패할 패	敗	敗	敗	敗

십자성학습한자퍼즐

261

가·로·열·쇠

♦차를 넣어 두는 곳간을 '○고' 라고 합니다. 차는 '○고'에서 쉬며 잠을 잡니다. 우리집에는 '○고'가 없어 대문 앞에 주차해 둡니다.

세·로·열·쇠

♦차를 정지하여 세워 두도록 마련해 놓은 곳을 '주○장'이라고 합니다. 돈을 주고 자기 차를 주차하는 곳을 유료주차장이라고 합니다.

262

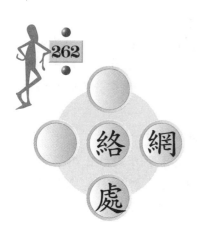

가·로·열·쇠

♦'○락망'은 무슨 일이 있거나 비상시 연락하기 위해 벌여 놓은 조직 체계를 말합니다. 곧 관계되는 사람들의 연락처를 도표로 만든 것이기도 합니다.

세·로·열·쇠

♦'○락처'는 연락을 하기 위해 정하여 둔 곳, 대개는 '○락처'를 전화번호 또는 주소로 써 놓습니다.

☒ 쓰기연습(바르게 따라쓰세요) ☒

庫 곳집 고	庫	庫	庫	庫	網 그물 망	網	網	網	網

십자성학습한자퍼즐

263

가·로·열·쇠
◆기관차에 객차나 화차 등을 연결한 기차를 '○차' 라고도 합니다. 요즘은 관광 '○차' 도 있다고 합니다.

세·로·열·쇠
◆어떤 실력이나 지위의 높고 낮음을 순서에 따라 늘여 놓은 것을 '서○' 이라고 합니다. 학교에서 나의 실력의 석차는 '서○' 5위 입니다.

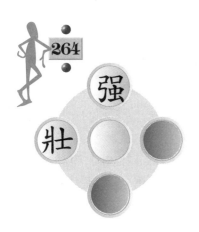

264

가·로·열·쇠
◆강한 애국심이나 강한 의기로 씩씩하고 열렬함을 '장○' 하다 표현합니다. 우리나라 애국자들은 '장○' 한 죽음으로 나라를 지켰습니다.

세·로·열·쇠
◆어떤 기세나 표정 등이 강하고 아주 세참을 '강○' 하다고 표현합니다. '강○' 한 햇볕이 따가운 여름에는 '강○' 한 색상의 옷을 입습니다.

✖ 쓰기연습(바르게 따라쓰세요) ✖

序 차례 서	序	序	序	序	强 강할 강	强	强	强	强

십자성학습한자퍼즐

265

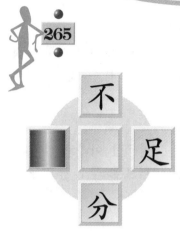

가·로·열·쇠
♦분량이 차서 모자람이 없음을 'O족' 하다고 합니다. 일정한 분량을 채우는 것도 'O족' 시킨다고 합니다.

세·로·열·쇠
♦충분하다는 말 앞에 불(不)자를 붙여 충분하지 못함을 '불O분' 이라고 표현합니다. '불O분' 의 반대말은 충분입니다.

266

가·로·열·쇠
♦나라 또는 의견 등의 나누어 진 여럿을 모아 하나로 만드는 일을 'O일' 이라고 합니다. 우리나라 국민들은 북한과 평화 'O일' 을 소원합니다.

세·로·열·쇠
♦공화국인 한 나라의 원수로 국민에 의해 뽑혀 일정한 기간 동안 나라를 대표하는 사람을 '대O령' 이라고 합니다. 올해도 '대O령' 선거가 있는 해입니다.

✖ 쓰기연습(바르게 따라쓰세요) ✖

足 발 족	足	足	足	足	大 큰 대	大	大	大	大

십자성학습한자퍼즐

267

가·로·열·쇠

◆중간에 거치는 것이 없이 바로 대하는 것을 '○접' 이라고 합니다. '○접' 의 반대말은 간접입니다.

세·로·열·쇠

◆하나의 직선을 '일○선' 이라고 합니다. 그리고 또, 한 방향으로 곧게 뻗은 줄을 '일○선' 이라고 합니다.

268

가·로·열·쇠

◆나무를 심는 것을 '○목' 이라고 합니다. 우리나라도 '○목' 하기 위해서 매년 4월 5일이 되면 어김없이 식목일이 돌아옵니다.

세·로·열·쇠

◆동물과 식물을 통틀어 부르는 말로 '동○물' 이라고 표현합니다. '동○물' 은 큰 의미로 생물입니다.

▣ 쓰기연습(바르게 따라쓰세요) ▣

線 선 선	線	線	線	線	物 만물 물	物	物	物	物

십자성학습한자퍼즐

269

가·로·열·쇠
♦거짓이 없는 참된 마음을 '○심'이라고 합니다. "수빈아! 나 있지, '○심'으로 너를 좋아해. 언제가 내 '○심'이 통할 수 있을까 모르겠다."

세·로·열·쇠
♦예술적 표현이 현실과 너무 같아 사실감이 넘치는 느낌은 '박○감'이라고 합니다. 탈렌트들은 극중에서 '박○감' 넘치는 연기를 합니다.

270

가·로·열·쇠
♦어떤 일에 매우 조심스럽고 경솔하지 아니함을 '신○'하다고 합니다. 우리는 중요한 일일수록 더욱 '신○'해야 합니다.

세·로·열·쇠
♦매우 조심스럽고 경솔하지 아니함을 신중하다고 합니다. 너무 신중한 친구들을 '신○파'라고 우리는 말합니다. '신○파'들은 너무 신중하여 재미가 없습니다.

※ 쓰기연습(바르게 따라쓰세요) ※

心 마음 심	心	心	心	心	派 물갈래 파	派	派	派	派

십자성학습한자퍼즐

271

가·로·열·쇠

♦ 주권이 모든 국민에게 있는 나라를 '공○국' 이라고 합니다. 곧 민주정치를 하는 나라를 '공○국' 이라 하는데 북한은 인민공화국이라 하면서도 거짓말입니다. 우리나라는 민주 '공○국' 입니다.

세·로·열·쇠

♦ 세상이나 가정 등이 평온하고 화목함을 평화라고 합니다. 그리고 세계의 평화를 위해 노력하는 군대를 '평○군' 이라고 합니다.

272

가·로·열·쇠

♦ 어떤 일에 이익이 있거나 조건 등이 이로운 쪽을 '유○' 하다고 말합니다. 나는 이번 피아노 콩크르에 입상하면 상급학교 진학에 '유○' 한 점이 많습니다.

세·로·열·쇠

♦ 장사나 영업 등 어떤 일을 하는데 재료비 등 모든 경비를 다 빼고 남은 순수한 이익을 '순○익' 이라고 합니다.

※ 쓰기연습(바르게 따라쓰세요) ※

共 함께 공	共	共	共	共	有 있을 유	有	有	有	有

십자성학습한자퍼즐

273

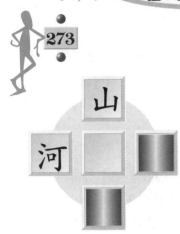

가·로·열·쇠

♦ 시내나 강을 '하○' 이라고 합니다. 어떤 강을 막아 댐을 건설할 때 '하○' 댐 공사를 한다고 말합니다.

세·로·열·쇠

♦ 산과 내를 '산○' 이라고 하지만 자연의 경치 등을 '산○' 이라고도 합니다. 실향민들은 "내 고향 '산○'을 언제 한번 가보나"라고 말합니다.

274

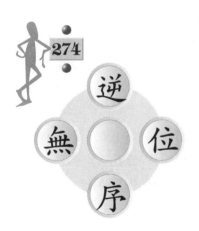

가·로·열·쇠

♦ 순번에 따라 정해진 위치나 순서 등을 순위라고 합니다. 그런데 순위가 정해져 있지 않은 것을 '무○위'라고 합니다.

세·로·열·쇠

♦ 거꾸로 된 순서를 '역○서'라고 합니다. 이것을 줄인 준말로 역순이라고도 합니다. 장난감 등을 분해했을 때 순서를 '역○서' 인 역순으로 다시 조립해야 합니다.

✖ 쓰기연습(바르게 따라쓰세요) ✖

河 물 하	河	河	河	河	序 차례 서	序	序	序	序

십자성학습한자퍼즐

275

가·로·열·쇠

◆ 십만원 짜리가 2개 있으면 합하여 '이○ 만' 원이라고 합니다. 여기서 십(拾)은 습 득(拾得)하다 할 때 '습'으로 쓰이기도 합 니다.

세·로·열·쇠

◆ 십만원 짜리가 3개 있으면 합하여 '삼○ 만' 원이 되는데 금액을 나타낼 때는 '十' 자 대신 십(拾)을 씁니다.

276

가·로·열·쇠

◆ 종이 등의 매수가 100매의 두배이면 곧, '이○매'가 됩니다. 종이가 '이○매'라면 두껍습니다.

세·로·열·쇠

◆ 어떤 물건 등의 개수가 100개의 11배가 되는 수를 한자어로 쓰면 '천○개'입니 다. 천개하고도 100개가 더 되는 거죠.

▨ 쓰기연습(바르게 따라쓰세요) ▨

三	三	三	三	三	二	二	二	二	二
석 삼					두 이				

십자성학습한자퍼즐

277

가·로·열·쇠

♦ 우리나라(남한) 인구가 얼마 전까지만 해도 '삼○만' 이라고 했는데 지금은 얼마나 될지 모르겠습니다. 많이많이 인구가 늘어나는 것도 걱정됩니다.

세·로·열·쇠

♦ 거리로 천리의 3배라면 '삼○리' 입니다. 우리나라가 '삼○리' 금수강산이라고 애국가에도 나옵니다.

278

가·로·열·쇠

♦ 만원이 10배이면 '십○원' 입니다. 내 저금 통장에는 지금 현재 '십○원' 이 넘게 저축되어 있거든요.

세·로·열·쇠

♦ 만원이 2배이면 '이○원' 이 됩니다. 돈의 원을 한자로 표기하면 원(圓)이 되는데 잘 쓰지 않고 있습니다. 그러나 알고 있으면 좋겠습니다.

☒ 쓰기연습(바르게 따라쓰세요) ☒

里 마을 리	里	里	里	里	拾 열 십	拾	拾	拾	拾

십자성학습한자퍼즐

279

가·로·열·쇠

◆일억만 개를 준말로 '일○개' 라고 합니다. 우리들은 상상할도 없는 수량입니다.

세·로·열·쇠

◆어떤 물건 등의 개수가 천만 개라면 셀 수 없을 만큼 많습니다. 그런데 천만개의 10 배라면 '일○만' 개인데 이것은 더 헤아리기가 어렵습니다.

280

가·로·열·쇠

◆지난 일을 돌이켜 생각하는 것을 '추○' 이라고 합니다. 나에게도 '추○' 이 있습니다. 지난 해 여름, 동해안으로 피서를 보모님 따라 갔던 일이 생각납이다. 그것도 '추○' 이겠죠?.

세·로·열·쇠

◆지난 일들을 잊지 않고 외어두는 것을 기억이라고 합니다. 그런 것들을 기억할 수 있는 능력을 곧, '기○력' 이라고 합니다. 나의 '기○력' 은 참 좋습니다.

✖ 쓰기연습(바르게 따라쓰세요) ✖

個 낱 개	個	個	個	個	力 힘 력	力	力	力	力

십자성학습한자퍼즐

281

가·로·열·쇠

♦ 날마다, 또는 나날이를 '○일' 이라고 표현합니다. 신문도 '○일' 오고요, 우유도 '○일' 배달됩니다. 그리고 나는 '○일' 일기를 씁니다.

세·로·열·쇠

♦ 달마다, 또는 다달이를 '○월' 이라고 표현합니다. 엄마는 '○월' 말이면 가계부를 다시 확인하고 다시 계산해 봅니다.

282

가·로·열·쇠

♦ 육지와 바다가 닿은 바닷가를 해안이라고 합니다. 동쪽에 있는 해안을 '동○안' 이라고 부릅니다. 지난해 여름, 엄마 아빠 따라 나도 '동○안' 으로 피서 갔답니다.

세·로·열·쇠

♦ 육지 · 바다 · 공중(하늘)을 합하여 '육○공' 이라고 합니다. 우리나라 군인 아저씨들도 육군 · 해군 · 공군이 있습니다. 이것을 통틀어 '육○공' 군이라고 합니다.

✖ 쓰기연습(바르게 따라쓰세요) ✖

月 달 월	月	月	月	月	陸 뭍 육	陸	陸	陸	陸

십자성학습한자퍼즐

283

가·로·열·쇠
♦일반 보통 사람들의 사회를 민간이라고 하는데, 그 민간의 풍속을 줄인 말로 '○속' 이라고 한답니다. 나도 민속촌에 간 적이 있습니다.

세·로·열·쇠
♦한 나라 안에서 사는 모든 사람들을 '국○' 이라고 합니다. 옛날에는 '국○'을 백성이라고 했답니다. 나도 우리나라의 엄연한 '국○' 입니다.

284

가·로·열·쇠
♦어떤 암시나 명령으로 잠이 오게 하거나 정신을 혼미하게 하는 술법을 '최○술' 이라고 합니다. 나도 '최○술'을 할 수 있다면 철민이를 그냥….

세·로·열·쇠
♦밤에 잠이 오지 않아 못 자는 증세를 '불○증' 이라고 한답니다. 우리 아빠도 사업 때문에 한동안 그 '불○증' 에 시달렸다고 하셨습니다.

▩ 쓰기연습(바르게 따라쓰세요) ▩

國 나라 국	國	國	國	國	不 아니 불	不	不	不	不

십자성학습한자퍼즐

285

가·로·열·쇠
♦일정한 한도가 있음을 '유○' 이라고 합니다. 다시말해 우리 반의 반장의 임기가 한정되어 있는 것도 '유○' 의 임기라고 말할 수 있습니다.

세·로·열·쇠
♦수량이나 범위 등을 정하여 제한하는 말이 한정이라고 합니다. 그런데 한정함이 없는 것을 '무○정' 이라고 하는데 수량 등이 헤아릴 수 없이 많을 때 쓰이기도 합니다.

286

가·로·열·쇠
♦금·은 등을 가공 또는 사고 파는 가게를 '금○방' 이라고 합니다. 우리 엄마의 반지도 아빠가 '금○방' 에서 사셨답니다.

세·로·열·쇠
♦금과 은과 동을 통틀어 '금○동' 이라고 부릅니다. '금○동' 은 여러 경기에서 많이 들을 수 있습니다. 금메달, 은메달, 동메달이 그것입니다.

⬡ 쓰기연습(바르게 따라쓰세요) ⬡

無 없을 무	無	無	無	無	金 쇠 금	金	金	金	金

십자성학습한자퍼즐

287

가·로·열·쇠
♦ 은혜를 잊음. 또는 은혜를 잊고 무례한 것을 '○은' 이라고 합니다. 엄마, 아빠 그리고 선생님께 은혜를 잊지 않으려면 열심히 공부해야 합니다.

세·로·열·쇠
♦ 봄부터 여름에 걸쳐 흰색·자주색·남색의 꽃을 피는 '물○초'는 "날 잊지 말아요"라는 꽃말을 지니고 있습니다.

288

가·로·열·쇠
♦ 살아서 움직이는 모든 짐승들을 '동○'이라고 합니다. 놀이공원에 가도 동물원이 있습니다. 그 동물원 안에는 여러 '동○'들이 있습니다.

세·로·열·쇠
♦ 거창한 물건이나 사회적으로 뛰어나거나 큰 인물을 거물이라고 합니다. 그 거물이라 일컬을 만한 사람을 '거○급' 이라고 합니다.

✖ 쓰기연습(바르게 따라쓰세요) ✖

勿 말 물	勿	勿	勿	勿	巨 클 거	巨	巨	巨	巨

십자성학습한자퍼즐

289

가·로·열·쇠
♦ 마음이 편하지 못하고 거북하거나 남에게 대하여 겸연쩍은 마음이 있음을 '○안' 이라고 합니다. '○안' 을 높임말로 '죄송' 이라고 합니다.

세·로·열·쇠
♦ 정한 수효나 정도에 차지 못하고 부족한 것을 '미만' 이라고 합니다. 열개의 미만을 '십○만' 이라고 하는데 열 개보다 부족함을 나타냅니다.

290

가·로·열·쇠
♦ 말이나 글이 가지고 있는 뜻을 '의○' 라고 합니다. 그리고 어떤 일 등에 숨겨져 있는 뜻도 '의○' 라고 합니다. 나는 무의미한 일은 하기 싫습니다.

세·로·열·쇠
♦ 어떤 음식을 만들 때 음식을 더 맛나게 맛을 맞추는 데 쓰이는 재료나 양념들을 '조○료' 라고 합니다. 우리 엄마는 자연 '조○료' 를 주로 쓰신답니다.

🔯 쓰기연습(바르게 따라쓰세요) 🔯

安 평안 안	安	安	安	安	調 고를 조	調	調	調	調

십자성학습한자퍼즐

291

가·로·열·쇠

♦ 양의 가죽을 '○피' 라고 합니다. 양의 가죽은 양털과 함께 옷을 만드는 데 쓰입니다. 우리 엄마의 코트도 '○피' 코트랍니다.

세·로·열·쇠

♦ 털빛이 흰양을 '백○' 이라고 합니다. 그 양의 흰털을 옷감 만드는 데 원료로 주로 쓰인답니다.

292

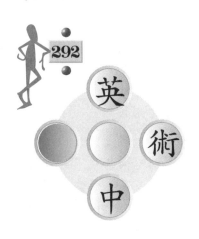

가·로·열·쇠

♦ 아름다움을 나타내는 예술의 한 부분을 '○술' 이라고 합니다. '○술' 은 그림이나 조각 등을 말합니다. 우리 교과서에도 '○술' 이 있습니다.

세·로·열·쇠

♦ 영국과 미국, 그리고 중국을 함께 줄여서 불러 '영○중' 이라고 합니다. 미국은 세계에서 가장 강한 나라이지만 무슨 문제가 있을 때는 영국이나 중국 등의 나라와 의논합니다.

⊠ 쓰기연습(바르게 따라쓰세요) ⊠

皮 가죽 피	皮	皮	皮	皮	英 꽃부리 영	英	英	英	英

십자성학습한자퍼즐

293

가·로·열·쇠

◆어느 곳을 향하는 쪽을 방향이라고 합니다. 그런데 어느 한쪽이 아닌 맞보는 이곳과 저곳의 방향을 '양○향' 이라고 합니다.

세·로·열·쇠

◆여러 방면을 '다○면' 이라고 합니다. 선생님께서는 학교에서 공부한 것들이 어른이 되면 '다○면' 으로 쓰인다고 하셨습니다. 그래서 공부를 열심히 해야 한답니다.

294

가·로·열·쇠

◆제한되어 있던 것을 마음대로 드나들도록 터놓은 것이나 어떤 사실 등을 숨김없이 터 놓은 것을 '개○적' 이라고 표현합니다.

세·로·열·쇠

◆TV나 라디오 등의 방송을 미리 녹화한 것이 아닌 그 시간에 맞추어 직접해서 보내는 방송을 '생○송' 이라고 합니다. 대개 스포츠 중계는 '생○송' 일 경우가 많습니다.

❌ 쓰기연습(바르게 따라쓰세요) ❌

面 낯 면	面	面	面	面	的 과녁 적	的	的	的	的

십자성학습한자퍼즐

295

가·로·열·쇠

♦ 산을 푸르게 하기 위하여 나무를 많이 심고 가꾸도록 나라에서 정한 나무 심는 날을 '식○일' 이라고 합니다. '식○일' 은 매년 4월 5일 입니다.

세·로·열·쇠

♦ 산에서 나무를 베는 것을 벌목한다고 합니다. 나라의 허락을 받고 벌목하는 터나 그 장소를 '벌○장' 이라고 합니다. '벌○장' 에는 큰 나무들이 많습니다.

296

가·로·열·쇠

♦ 어떤 일 등이 발생하는 본바탕을 '근○' 이라고 합니다. "'근○' 적으로 이 일은 잘못된 것입니다"할 때 처음부터 잘못된 것을 말합니다.

세·로·열·쇠

♦ 말하는 자기 자신을 일컬어 '본인' 이라고 합니다. 그런데 어떤 일을 빚어 낸 바로 그 사람을 '장○인' 이라고도 합니다.

▧ 쓰기연습 (바르게 따라쓰세요) ▧

場 마당 장	場	場	場	場	根 뿌리 근	根	根	根	根

십자성학습한자퍼즐

297

가·로·열·쇠
♦움직이고 있던 것이 멈추는 것을 '정지' 라고 합니다. 그리고 어떤 한계선을 두어 그 선을 넘지 않도록 하는 선을 '정○선' 이라고 합니다.

세·로·열·쇠
♦어떤 일 등을 하지 못하게 함을 '금지' 라고 합니다. 또 못하게 하는 명령이나 지시를 '금○령' 이라고 합니다. 엄마 아빠가 오락실에 가지 못하도록 나에게 '금○령' 을 내리셨습니다.

298

가·로·열·쇠
♦어떤 일을 처음 하는 것을 '초보' 라고 합니다. 처음하는 일이라 서투르고 능숙하지 못한 사람을 '초○자' 라고 합니다.

세·로·열·쇠
♦어떤 분야에서 남이 따라할 수 없을 정도로 뛰어난 것을 '독○적' 이라고 합니다. 나도 우리 학급에서 '독○적' 존재입니다. 다른 애들은 한자를 잘모르거든요. 나는 어려운 한자도 아는 것이 많아서 애들이 그렇게 부른답니다.

✖ 쓰기연습 (바르게 따라쓰세요) ✖

令 하여금 령	令	令	令	令	初 처음 초	初	初	初	初

십자성학습한자퍼즐

299

가·로·열·쇠
♦ 마음이 흡족하여 즐거운 정신 상태를 '○복' 이라고 하는데요. 그 '○복' 의 반대말은 '불행' 이랍니다.

세·로·열·쇠
♦ 행복하지 못한 것을 '불○' 이라고 말할 수 있습니다. '불○한' 사람을 보면 가슴이 아픕니다.

300

가·로·열·쇠
♦ 주어진 일의 내용·결과 등을 말이나 글 등으로 윗사람 또는 상급기관에 알리는 것을 '○고' 라고 합니다. 내 친구 철민이는 어디가면 간다하고 나에게 '○고' 하고 간답니다.

세·로·열·쇠
♦ 어떤 사건이나 정세, 또는 지혜 등에 관한 자세한 소식을 우리는 '정보' 라고 합니다. 그리고 그 정보들을 효과적으로 이용하거나 모으기 위해 여러 곳에 펴 놓은 조직적인 것을 '정○망' 이라고 합니다.

🎌 쓰기연습(바르게 따라쓰세요) 🎌

福 복 복	福	福	福	福	告 알릴 고	告	告	告	告

십자성학습한자퍼즐

301

가·로·열·쇠

◆〈독립국가〉의 준말로 다른 나라의 지배를 받지 않고 주권을 행사할 수 있는 나라를 '독○국' 이라고 합니다. 우리나라도 '독○국' 입니다.

세·로·열·쇠

◆어떤 일이든 남의 힘에 의지하지 않고 자기 힘으로 해 나가는 것을 '자립' 이라고 합니다. 그러한 자립의 마음이나 노력하는 것을 '자○심' 이라고 합니다.

302

가·로·열·쇠

◆어떤 실력이나 자리 등의 차례를 나타내는 것을 '순위' 라고 합니다. 또 그것을 표로 나타낸 것을 곧, '순○표' 라고 합니다. 나의 성적 '순○표' 는 공개하고 싶지 않습니다.

세·로·열·쇠

◆사람의 자리나 지위 등을 '위치' 라고 합니다. 그리고 어떤 것이 자리하고 있는 것도 '위치' 라고 하는데 여러가지의 것들이 각각 위치하고 있는 곳을 '각○치' 라고 표현합니다.

⊠ 쓰기연습(바르게 따라쓰세요) ⊠

自 스스로 자	自	自	自	自	各 각각 각	各	各	各	各

십자성학습한자퍼즐

303

가·로·열·쇠
♦ 1,000은 10의 '백○' 가 되는 수입니다. 그리고 10,000원은 100원의 '백○' 나 되는 액수입니다.

세·로·열·쇠
♦ 어떤 물건 등의 일정한 양이나 수효의 두 배하고 반절이 된 것을 '이○반' 이라고 합니다. 25cm는 10cm의 '이○반' 이나 되는 길이입니다.

304

가·로·열·쇠
♦ 전체를 몇으로 나눈 것중 어느 한 부분을 우리는 '일○분' 이라고 표현합니다. 저는 용돈의 '일○분' 을 저축했습니다.

세·로·열·쇠
♦ 거의 모두이거나 반이 훨씬 넘는 수효, 또는 분량 등을 '대○분' 이라고 표현합니다. 우리들은 학생 이기때문에 모두 다는 아니지만 '대○분' 머리를 짧게 깎습니다.

▨ 쓰기연습(바르게 따라쓰세요) ▨

百 일백 백	百	百	百	百	分 나눌 분	分	分	分	分

십자성학습한자퍼즐

305

가·로·열·쇠
♦정상적이 아니거나 예사로운 일이 아닌 긴급한 상태를 '○상' 이라고 합니다. 학교에서도 가끔 화재가 났을 때를 대비하여 '○상' 훈련을 합니다.

세·로·열·쇠
♦옳고 그름 또는 어떤 일로 다투려고 하는 언행을 '시비' 라고 합니다. 그리고 그런 시비를 하는 듯한 말투를 '시○조' 라고 합니다.

306

가·로·열·쇠
♦어떤 일로 몹시 슬퍼서 마음이 아픈 것을 '○통' 하다 표현합니다. 그리고 '○통' 은 '침통' 하다는 말과 비슷합니다. 남자애들은 축구경기에서 졌다고 '○통' 한 분위기 였습니다.

세·로·열·쇠
♦기쁨과 슬픔을 '희비' 라고 합니다. 그리고 어떤 논쟁에 있어서 웃을 수 있는 것과 슬픈 것을 함께 말하는 것을 '희○론' 이라고 합니다.

▨ 쓰기연습(바르게 따라쓰세요) ▨

是 이 시	是	是	是	是	論 의논 논	論	論	論	論

십자성학습한자퍼즐

307

가·로·열·쇠

♦ 바닷가에 가서 바닷물에 수영하는 것을 '해○욕'이라고 합니다. 나도 작년에 엄마 아빠 따라 동해안으로 피서가서 '해○욕'을 했었습니다.

세·로·열·쇠

♦ 빗물이나 쓰다버린 더러운 물이 흘러나가게 만든 통이나 도랑을 '하○도'라고 합니다. 엄마가 설거지 하는 물도 '하○도'로 내려갑니다.

308

가·로·열·쇠

♦ 얼음 위를 '○상'이라고 합니다. 얼음 위에서 하는 스케이팅이나 아이스하키 등의 경기를 그래서 '○상' 경기라고 합니다.

세·로·열·쇠

♦ 옛날 우리나라도 신라 때 냉장고 역할을 했던 창고가 있었다고 합니다. 그곳에 얼음 등을 녹지 않게 넣어두는 창고였다고 하는데요. 그것이 바로 '석○고'였다고 합니다.

⌧ 쓰기연습(바르게 따라쓰세요) ⌧

道 길 도	道	道	道	道	上 윗 상	上	上	上	上

십자성학습한자퍼즐

309

가·로·열·쇠
♦ 직접 가르쳐주지 않고 넌지시 암시해 주
는 것을 '암○적' 이라 표현합니다. 어떤
문제의 '힌트' 도 '암○적' 이라고 할 수
있습니다.

세·로·열·쇠
♦ 우수한 그림이나 글씨, 또는 상품 등을 많
은 사람들이 감상할 수 있도록 전시하는
것을 '전○회' 라고 합니다. 나도 미술 '전
○회' 에 가본 적이 있습니다.

310

가·로·열·쇠
♦ 한 문중에서 맏이로만 이어온 큰집을 '종
가' 라고 하는데 이 종가의 대를 이을 맏아
들이나 맏손자를 일러 '○손' 이라고 합니
다.

세·로·열·쇠
♦ 안심과 행복을 얻고자 신앙심으로 절대자
인 신을 숭배하는 일을 '○교' 라고 합니
다.

⊠ 쓰기연습 (바르게 따라쓰세요) ⊠

會 모을 회	會	會	會	會	孫 손자 손	孫	孫	孫	孫

십자성학습한자퍼즐

311

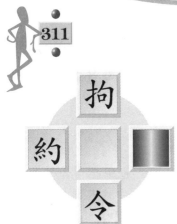

가 · 로 · 열 · 쇠
♦앞으로 할 일에 대하여 상대방과 서로 말로 정하여 놓음을 '약○'이라고 합니다. 나도 철민이와 목요일날 극장에 가자고 '약○'해 놓았다.

세 · 로 · 열 · 쇠
♦자기 마음대로 못하게 가두어 두거나 묶어두는 것을 '구속'이라고 하는데 그렇게 구속하라고 명령하는 것을 '구○령'이라고 합니다.

312

가 · 로 · 열 · 쇠
♦어떤 움직이는 것, 또는 차 등이 달리는데에 있어서 시간이 흐를수록 점점 더 빨라지는 속도를 '가○도'라고 합니다.

세 · 로 · 열 · 쇠
♦야구에서 투수가 던진 빠른 공을 '속구'라고 합니다. 그런데 그 속구보다 강하고 빠른 공을 '강○구'라고 합니다. '강○구'를 투수가 던지려면 팔이 강해야 한다고 합니다.

⊠ 쓰기연습(바르게 따라쓰세요) ⊠

約 맺을 약	約	約	約	約	加 더할 가	加	加	加	加

십자성학습한자퍼즐

313

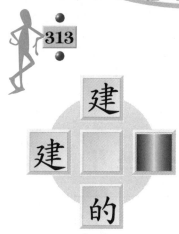

가·로·열·쇠

◆건물이나 조직 따위를 새로 세우거나 만드는 것을 '건○' 한다고 합니다. "복지 사회를 '건○' 합시다"할 때도 같은 말을 사용할 수 있습니다.

세·로·열·쇠

◆어떤 새로운 것이나 이로운 것을 만드는 것을 '건○적' 인 것이라고 합니다. 애들아! 백해무익한 이야기는 그만두고 '건○적' 인 대화를 하자.

314

가·로·열·쇠

◆남을 미워하고 업신여기는 말을 '욕○' 이라고 합니다. '욕○'를 잘하는 애들은 올바른 학생이 아닙니다. 나도 화가 많이 나면 '욕○' 이 나오긴 합니다.

세·로·열·쇠

◆소설을 짓는 사람. 또는 소설 짓는 것을 업으로 하는 사람을 '소○가' 라고 합니다. 대개는 문학을 좋아하는 애들이 커서 '소○가' 가 된다고 합니다.

⊠ 쓰기연습(바르게 따라쓰세요) ⊠

的 과녁 적	的	的	的	的	小 작을 소	小	小	小	小

가족 이름 한자로 쓰기

아 빠	
엄 마	
나	
형	
동 생	
누 나	

십자성학습한자퍼즐

정답편

퍼즐문제의 정답

1

```
    三
十  一  日
    節
```

2

```
    十
六  二  五
    月
```

3

```
    第
十  三  個
    番
```

4

```
    合
第  四  號
    枚
```

5

```
    十
九  五  年
    日
```

6

```
    一
三  六  五
    次
```

7

```
    第
六  七  八
    回
```

8

```
    十
七  八  九
    個
```

9

```
    一
二  九  統
    班
```

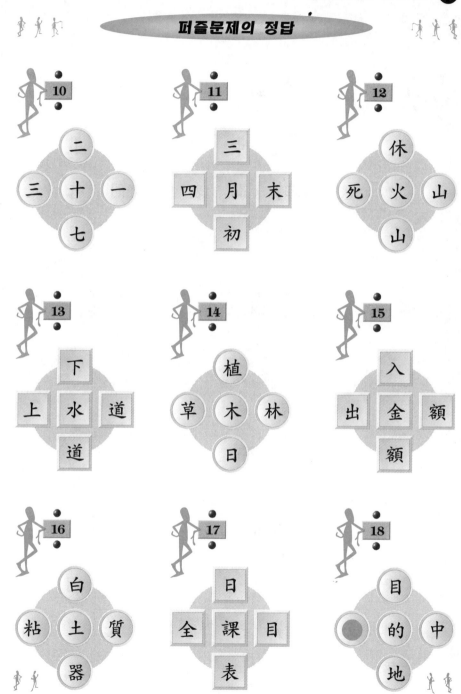

퍼즐문제의 정답

19

```
      大
正  中  央
      小
```

20

```
      中
時  間  表
      ●
```

21

```
      小
同  行  人
      星
```

22

```
      青
多  少  ●
      年
```

23

```
      不
養  老  院
      草
```

24

```
      ●
老  少  ●
      女
```

25

```
      男
■  子  女
      用
```

26

```
      兒
孝  女  ●
      子
```

27

```
      別
新  天  地
      地
```

퍼즐문제의 정답

28

各
他 地 方
方

29

國
以 內 ■
外

30

外
● 國 外
人

31

黑
青 白 色
色

32

自
利 己 心
房

33

白
先 頭 ■
山

34

百
十 周 年
年

35

木
■ 工 作
所

36

漢 江
山

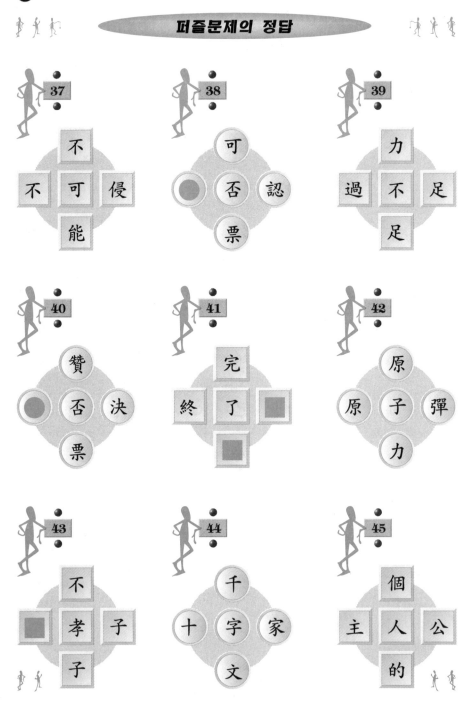

퍼즐문제의 정답

46

出
收 入 金
口

47

食
果 刀 用
用

48

努
能 力 者
派

49

正
□ 午 後
□

50

黃
生 牛 乳
○

51

五
女 大 生
洋

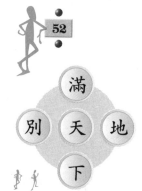

52

滿
別 天 地
下

53

禁
中 止 線
令

54

非
不 正 直
常

퍼즐문제의 정답

55

朝
■ 夕 陽
刊

56

多
科 目 別
的

57

先
後 天 性
的

58

令
工 夫 ●
人

59

弓
■ 矢 石
■

60

得
● 失 手
差

61

天
■ 王 子
星

62

青
● 玉 石
色

63

宗
女 主 人
國

퍼즐문제의 정답

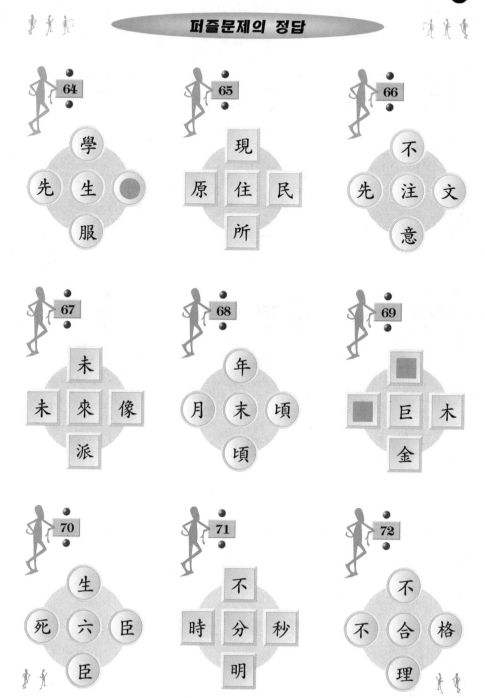

64

學
先 生 ●
服

65

現
原 住 民
所

66

不
先 注 文
意

67

未
未 來 像
派

68

年
月 末 頃
頃

69

■
■ 巨 木
金

70

生
死 六 臣
臣

71

不
時 分 秒
明

72

不
不 合 格
理

퍼즐문제의 정답

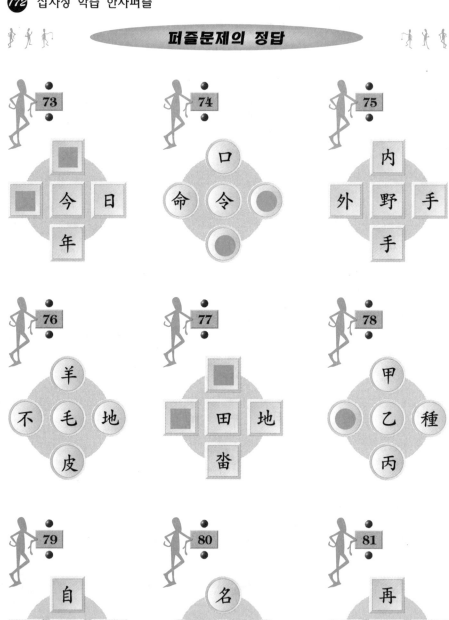

퍼즐문제의 정답

82

追
伸 張

83

三
二 月 末
初

84

使
利 用 者
者

85

紀
元 祖
前

86

未
不 完 全
成

87

室
市 內 外
外

88

精
肉 食
店

89

多
品 目 別
的

90

不
自 己
由

퍼즐문제의 정답

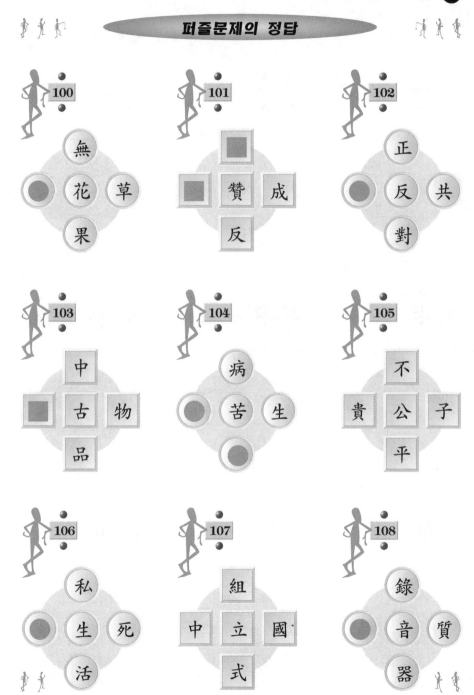

퍼즐문제의 정답

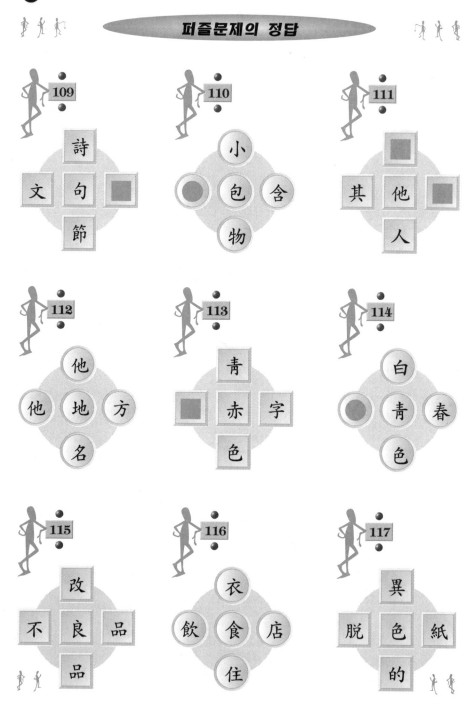

퍼즐문제의 정답

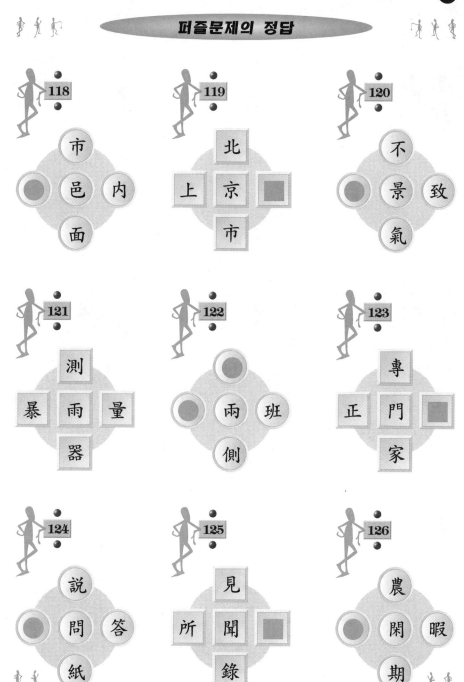

퍼즐문제의 정답

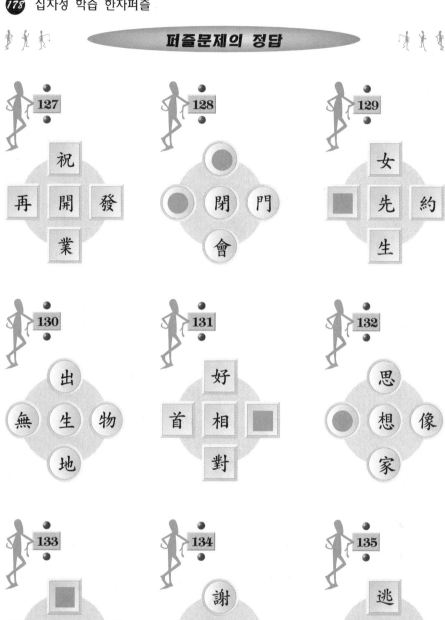

127

祝
再 開 發
業

128

● 閉 門
會

129

女
■ 先 約
生

130

出
無 生 物
地

131

好
首 相 ■
對

132

思
● 想 像
家

133

■
意 思 ■
考

134

謝
● 恩 人
會

135

逃
死 亡 者
者

퍼즐문제의 정답

136

勿
忘 却
草

137

所
有 利
者

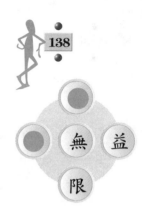

138

無 益
限

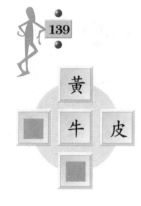

139

黃
牛 皮

140

牛
木 馬
車

141

羊
羊 毛
皮

142

西
東 洋
式

143

十
一 周
年

144

來
週 末
初

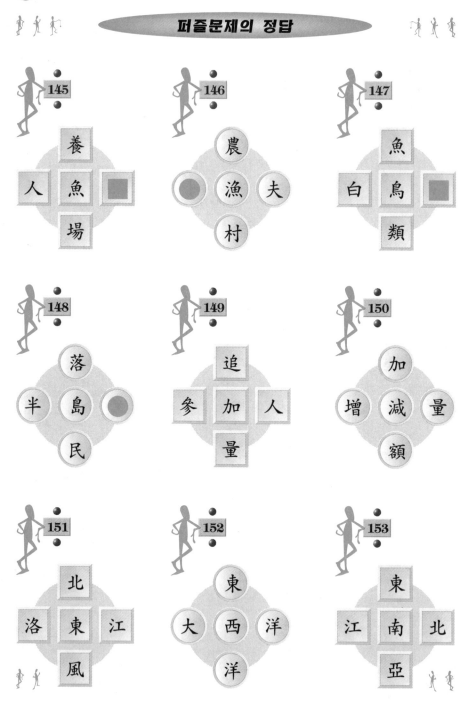

145

養
人 魚 ■
場

146

農
● 漁 夫
村

147

魚
白 鳥 ■
類

148

落
半 島 ●
民

149

追
參 加 人
量

150

加
增 減 量
額

151

北
洛 東 江
風

152

東
大 西 洋
洋

153

東
江 南 北
亞

퍼즐문제의 정답

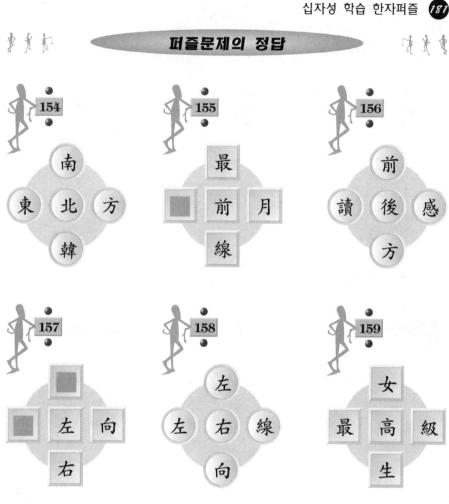

154

南
東 北 方
韓

155

最
■ 前 月
線

156

前
讀 後 感
方

157

■
■ 左 向
右

158

左
左 右 線
向

159

女
最 高 級
生

160

高
最 低 價
價

161

大
最 長 期
征

162

長
最 短 期
點

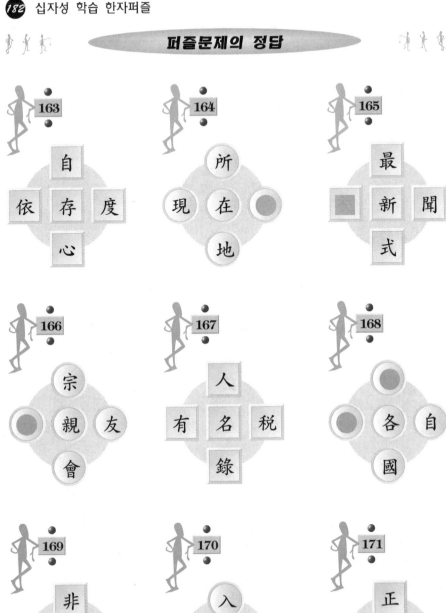

퍼즐문제의 정답

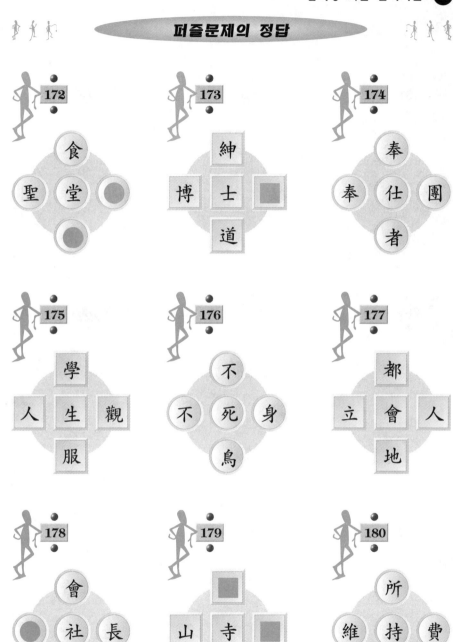

172
食
聖 堂 ●
●

173
紳
博 士 ■
道

174
奉
奉 仕 團
者

175
學
人 生 觀
服

176
不
不 死 身
鳥

177
都
立 會 人
地

178
會
● 社 長
員

179
■
山 寺 ■
塔

180
所
維 持 費
者

퍼즐문제의 정답

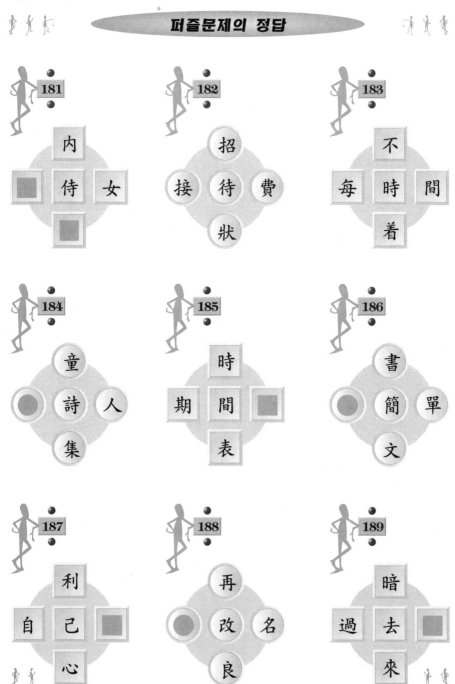

181

内
�■ 侍 女
■

182

招
接 待 費
狀

183

不
每 時 間
着

184

童
● 詩 人
集

185

時
期 間 ■
表

186

書
● 簡 單
文

187

利
自 己 ■
心

188

再
● 改 名
良

189

暗
過 去 ■
來

퍼즐문제의 정답

190

冷
忘 却 ●
器

191

姜
■ 太 陽
公

192

忠
名 犬 ●
●

193

■
不 吉 ■
運

194

再
● 結 果
合

195

再
■ 決 定
心

196

●
● 缺 番
席

197

仲
紹 介 狀
人

198

世
限 界 線
的

퍼즐문제의 정답

199
合 計 額
算

200
檢 討
論

201
故 鄕
障

202
生
苦 悶
生

203
吉 鳥
兆

204
申
告 白

205
商
手 工 業
業

206
有
成 功
者

207
空 中
間

퍼즐문제의 정답

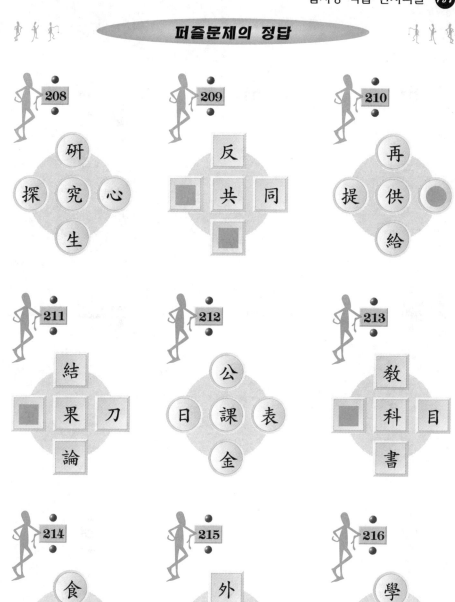

208
研
探 究 心
生

209
反
■ 共 同
■

210
再
提 供 ●
給

211
結
■ 果 刀
論

212
公
日 課 表
金

213
教
■ 科 目
書

214
食
● 料 金
品

215
外
■ 交 友
官

216
學
登 校 ●
長

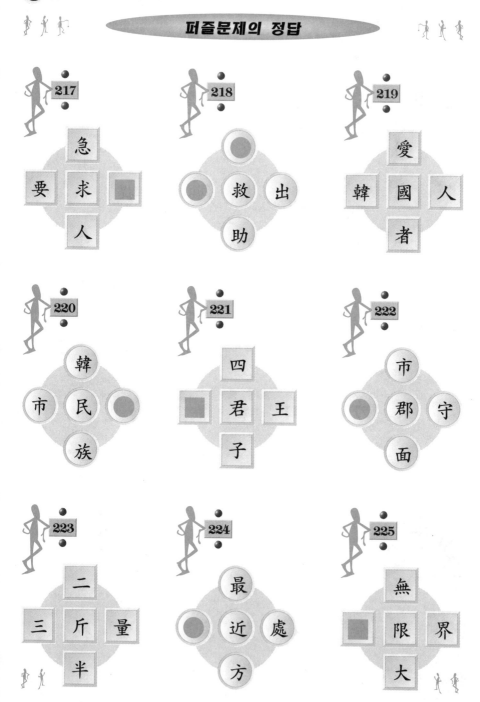

퍼즐문제의 정답

226

根 據
本

227

可
及 第
的

228

上
高 級 品
生

229

祝
合 席
格

230

供
給 食
品

231

中
安 心
線

232

不
生 必 品
要

233

先
後 支 拂
出

234

先
特 技 生
術

퍼즐문제의 정답

235

及
■ 其 他
也

236

無
● 期 間
限

237

新
日 記 帳
錄

238

祝
西 紀 ●
念

239

年
分 度 器
別

240

參
出 席 簿
者

241

班
■ 代 身
表

242

●
● 貸 金
切

243

元
■ 首 都
■

퍼즐문제의 정답

244

```
    各
●  道  路
    別
```

245

```
    作
著  者  名
    名
```

246

```
    他
●  都  城
    市
```

247

```
    協
共  同  ■
    心
```

248

```
●
●  洞  民
    長
```

249

```
    思
■  春  季
    期
```

250

```
    春
盛  夏  ●
    服
```

251

```
    仲
春  秋  服
    節
```

252

```
    秋
●  冬  眼
    服
```

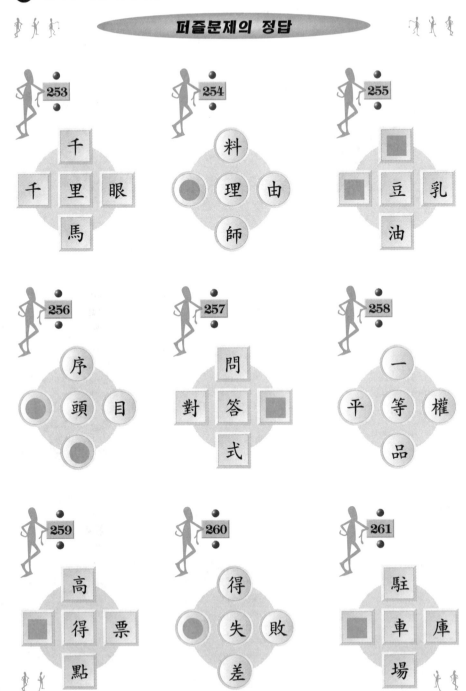

퍼즐문제의 정답

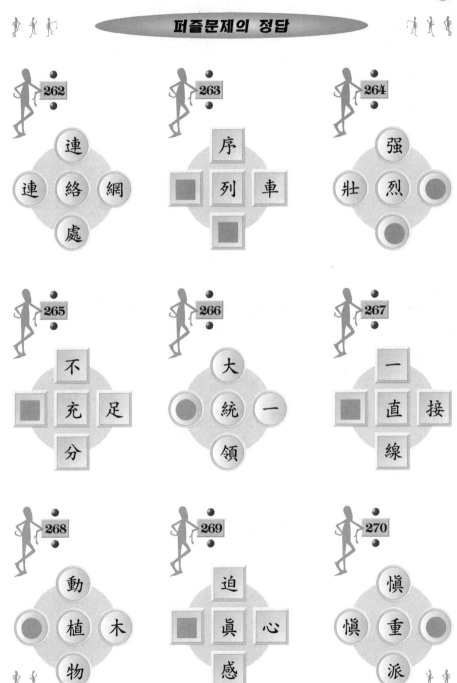

퍼즐문제의 정답

271

平
共 和 國
軍

272

純
有 利 ●
益

273

山
河 川 ■
■

274

逆
無 順 位
序

275

三
二 拾 萬
萬

276

千
二 百 枚
個

277

三
三 千 萬
里

278

二
拾 萬 圓
圓

279

一
一 億 個
萬

퍼즐문제의 정답

퍼즐문제의 정답

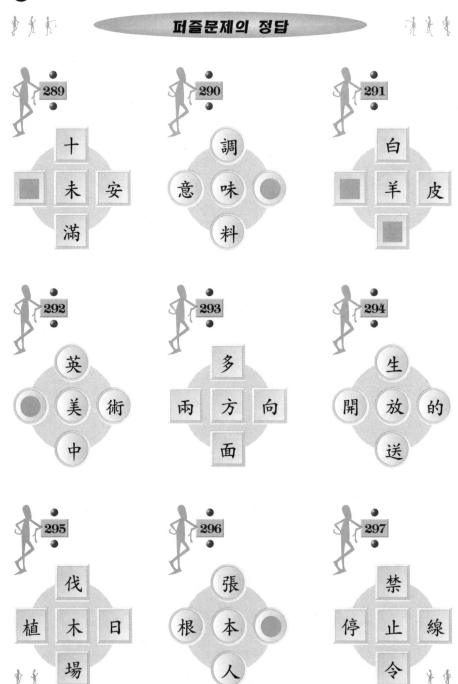

289

十
未 安
滿

290

調
意 味
料

291

白
羊 皮

292

英
美 術
中

293

多
兩 方 向
面

294

生
開 放 的
送

295

伐
植 木 日
場

296

張
根 本
人

297

禁
停 止 線
令

퍼즐문제의 정답

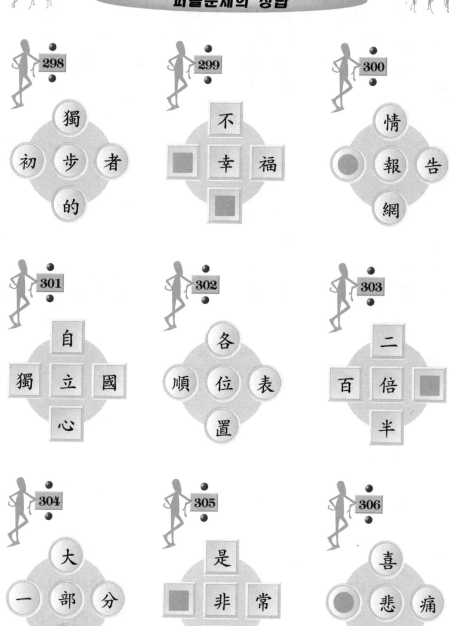

298

獨
初 步 者
的

299

不
■ 幸 福
■

300

情
● 報 告
網

301

自
獨 立 國
心

302

各
順 位 表
置

303

二
百 倍 ■
半

304

大
一 部 分
分

305

是
■ 非 常
調

306

喜
● 悲 痛
論

퍼즐문제의 정답

307

下
海 水 浴
道

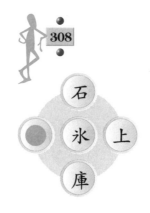

308

石
● 氷 上
庫

309

展
暗 示 的
會

310

●
● 宗 孫
敎

311

拘
約 束 ■
令

312

強
可 速 度
球

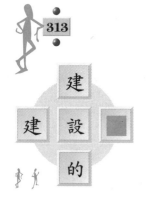

313

建
建 設 ■
的

314

小
辱 說 ●
家

수고하셨습니다.

권	사	유
판	본	소

십자성 학습 한자 퍼즐

2018년 7월 20일 인쇄
2018년 7월 30일 발행

엮은이 | 김　영　배
그린이 | 김　영　배
펴낸이 | 최　원　준

펴낸곳 | 태 을 출 판 사
서울특별시 중구 다산로38길 59(동아빌딩내)
등　록 | 1973. 1. 10(제1-10호)

ⓒ2009. TAE-EUL publishing Co.,printed in Korea
※잘못된 책은 구입하신 곳에서 교환해 드립니다.

■ **주문 및 연락처**
우편번호 [0][4][5][8][4]
서울특별시 중구 다산로38길 59 (동아빌딩내)
전화 : (02)2237-5577　팩스 : (02)2233-6166

ISBN　978-89-493-0530-1　　　03000